"十四五"职业教育国家规划教材

U0597226

新媒体营销

营销方式＋推广技巧＋案例实训

微课版 第2版

华迎◎主编

高文海 罗蓓蓓 陈丽玉◎编著

人民邮电出版社

北京

图书在版编目（CIP）数据

新媒体营销：营销方式+推广技巧+案例实训：微课版 / 华迎主编；高文海，罗蓓蓓，陈丽玉编著. -- 2版. -- 北京：人民邮电出版社，2024.6
职业教育经济管理类新形态系列教材
ISBN 978-7-115-64082-6

Ⅰ. ①新… Ⅱ. ①华… ②高… ③罗… ④陈… Ⅲ. ①网络营销－职业教育－教材 Ⅳ. ①F713.365.2

中国国家版本馆CIP数据核字(2024)第066021号

内 容 提 要

本书系统、全面地介绍了新媒体营销的相关知识，包括认识新媒体营销、新媒体用户与内容定位，以及新媒体平台营销和主流的新媒体营销形式。全书共 8 个项目，前 7 个项目分别介绍了新媒体营销基础知识、新媒体营销定位、微信营销、微博营销、短视频营销、直播营销和社群营销等内容，最后一个项目补充介绍了其他新媒体营销形式，如 App 营销、二维码营销、H5 营销等。

本书可作为电子商务、市场营销等专业相关课程的教材，也可作为新媒体营销从业人员的参考书。

◆ 主　编　华　迎
　　编　著　高文海　罗蓓蓓　陈丽玉
　　责任编辑　赵广宇
　　责任印制　胡　南

◆ 人民邮电出版社出版发行　北京市丰台区成寿寺路 11 号
　　邮编　100164　电子邮件　315@ptpress.com.cn
　　网址　https://www.ptpress.com.cn
　　北京市艺辉印刷有限公司印刷

◆ 开本：787×1092　1/16
　　印张：12.5　　　　　　　　2024 年 6 月第 2 版
　　字数：295 千字　　　　　　2025 年 5 月北京第 7 次印刷

定价：56.00 元

读者服务热线：(010)81055256　印装质量热线：(010)81055316
反盗版热线：(010)81055315

前言

党的二十大报告指出："教育、科技、人才是全面建设社会主义现代化国家的基础性、战略性支撑。必须坚持科技是第一生产力、人才是第一资源、创新是第一动力，深入实施科教兴国战略、人才强国战略、创新驱动发展战略，开辟发展新领域新赛道，不断塑造发展新动能新优势。"随着新媒体行业的飞速发展，新的新媒体营销技术、形式、模式等不断涌现，如"AI+""直播+"等。新变化带来了新要求，企业对新媒体营销人才的要求不再仅限于简单的文案写作、单一平台开展营销活动等，而是要求营销人才能够抓住时代热点、掌握前沿资讯和技术等。基于此，编者对本书的第1版进行了改版。改版后的本书具有如下特点。

1. 任务驱动，实操性强

本书对第1版的章节式结构进行了调整，采用项目任务式结构，将理论知识和实践操作巧妙地融合起来，以知识点为主线设计项目。本书每个项目均采用"相关知识"+"任务实践"的方式布局，形成"前方学、后方做"的模式，帮助读者理解知识、掌握技能。同时，"相关知识"+"任务实践"的布局也便于读者分阶段学习，循序渐进，并及时通过任务实践巩固所学知识，加深对所学知识的理解，真正做到举一反三。

2. 情景贯通，实训连贯

与第1版不同，本书根据新媒体营销的实际情况，为每个项目设定了营销情景，通过情景的发展推动任务的开展，将抽象的概念和理论与具体的实践相结合，让读者能够在真实的营销情景中理解和学习新媒体营销的知识，从而提高自身的实际操作能力，真正做到"将知识化为己用"。

同时，本书还在每个项目的末尾设置了"综合实训"和"思考与练习"模块，在"综合实训"模块中同样设置了营销情景，以情景启发读者，激发读者解决问题的热情，提高读者的整合营销能力。

3. 立德树人，提升素养

本书全面贯彻党的二十大精神，落实立德树人根本任务，各项目中的知识充分融入职业道德、职业素养等内容，以培养读者的综合素养为根本目标，实现理论知识与素养教育的深度结合。

4. 资源丰富，支持教学

本书教学资源丰富，提供了PPT课件、教学大纲、电子教案、素材文件、题库软件等立体化教学资源，用书教师可登录人邮教育社区（www.ryjiaoyu.com）免费下载。

本书由华迎担任主编，由高文海、罗蓓蓓、陈丽玉编著。在本书的编写过程中，作者参考了国内多位专家、学者的著作，以及许多同行的相关教材和案例资料，在此向他们表示崇高的敬意和衷心的感谢。由于作者水平有限，书中难免存在不妥之处，恳请广大读者批评指正。

作　者

2024 年 5 月

目录

目录

目录

目录

项目一
新媒体营销基础知识

【学习目标】

➢ 熟悉新媒体营销的核心原则、变现方式等。
➢ 掌握组建新媒体营销团队的方法。
➢ 掌握常见的新媒体营销方式。

【素养目标】

➢ 着力提升自身的传播力、引导力、影响力、公信力，树立正确的营销意识，规范营销行为。
➢ 培养全局意识，能从整体看待新媒体营销。

【情景导入】

悦行是一个新兴时尚鞋靴品牌，通过一款时尚、舒适的马丁靴走进公众视野，正处于从产品过渡到品牌的重要阶段。悦行的目标用户是25～40岁的时尚意识强烈的用户，十分看重品牌力。为了增强品牌影响力、树立牢固的品牌形象，悦行意识到必须开展新媒体营销。在此之前，悦行需要对新媒体营销有所了解，组建自己的新媒体营销团队，通过一定的方式强化品牌形象，与用户建立联系。

任务一　认识新媒体营销

为充分了解新媒体营销，悦行立足于整个新媒体营销行业进行全面分析，深入了解新媒体营销在营销方面的优势和原则，并运用发展的眼光看待该行业，聚焦于前沿技术对新媒体营销产生的深远影响，以及这些新技术在新媒体营销中的实际应用。

【相关知识】

（一）新媒体营销的概念和优势

新媒体营销是借助新媒体平台进行的线上营销，结合了现代营销理论与互联网，具有多元性、普及性、互动性和灵活性等特点，是一种重要的营销方式。在进行营销时，营销人员应注重内容的渗透性和传播度，助力企业达成营销目标。

随着第五代移动通信技术（5th Generation Mobile Communication Technology，5G）、人工智能等前沿技术在媒体领域的应用，新媒体营销的影响力持续提升，并逐渐成为市场主导。与传统营销相比，新媒体营销具备四大优势。

- **精准定位**：借助大数据和人工智能技术，新媒体平台可以全面地记录用户信息，包括浏览足迹、使用频率、使用时间等，准确地识别和定位目标用户，从而实现精准推送和优化用户体验。同时，企业可以方便地收集用户信息，如通过用户发布的社交内容、浏览记录等，筛选出符合企业定位的用户。
- **实时互动**：借助新媒体平台，企业可以随时随地与用户进行沟通和互动，从而调动用户参与的积极性，提升其品牌忠诚度。同时，企业也可以通过实时互动，及时了解市场需求和用户反馈，及时调整产品和服务，提高用户满意度。
- **个性化定制**：一方面，人工智能技术的优化使得新媒体平台的推荐算法得以精进，通过智能分析用户的购买历史、偏好等信息，可以为用户推荐符合其需求的产品和服务，同时提升用户满意度和忠诚度。另一方面，借助 3D 打印等技术，新媒体营销还可以实现个性化定制的规模化生产，降低生产成本的同时提高生产效率。
- **快速响应**：新媒体营销具有快速响应的特点，能够及时捕捉市场动态并调整策略，以适应不断变化的市场需求，同时实现资源的快速调配和优化配置，进一步提高响应速度和效率。

（二）新媒体营销的核心原则

新媒体营销需要遵循一定的原则，才能让营销更具目标性、针对性、有效性。

- **趣味原则**：营销活动要有趣。世界上每时每刻都在发生新鲜事，用户每天都会接触到各种各样的营销信息，那些较为有趣的、话题性强的信息，通常更受用户欢迎。因此，如果能够让营销信息或者营销形式更加有趣，就能更好地吸引用户的注意力，提升营销的成功率。
- **利益原则**：要为用户提供切实的利益，以吸引用户的注意力，激发用户的购物欲。常见的利益有物质福利（如赠送礼品）、功能服务（如一年免费维修服务）、知识技能（如免费分享营销知识）等，具体需要根据营销的产品和方式来决定。
- **互动原则**：营销过程中要主动与用户互动，如转发、评论和点赞等，或通过举办活动、发起话题等，提高用户参与的积极性，增加营销的广度和深度。例如，某家纺品牌在宣传其新款羽绒被时，就在微博发布新品上架的微博文案，并让用户关注微博账号、转发该条微博参与抽奖。
- **个性原则**：营销要尽量满足用户的个性化心理需求，通过分析用户的心理需求，推出个性化产品。例如，某旅行社根据用户的反馈意见，选择了呼声最高的旅游地点，推出了一条个性旅游线路。

（三）新技术在新媒体营销中的应用

随着 5G、人工智能（Artificial Intelligence，AI）、虚拟现实（Virtual Reality，VR）、

增强现实（Augmented Reality，AR）等新技术的发展，我国新媒体技术、手段、形态不断创新，为新媒体营销提供了新模式、新方法，推动新媒体营销向数字化方向发展。党的二十大报告也提出："实施国家文化数字化战略，健全现代公共文化服务体系，创新实施文化惠民工程。"利用新技术开展新媒体营销，为国家文化数字化战略实施注入新动力成为当前的一大趋势。

1. 数字内容生产

随着人工智能技术的飞速发展，新媒体营销迎来了新的内容生产方式——人工智能技术生成内容（Artificial Intelligence Generated Content，AIGC），即利用生成式人工智能，让人工智能自动创造文本、图像、音频、视频等，为内容生产提供创意、降本增效。例如，2023年五一劳动节期间，淘宝推出了一款完全由AI制作的短片，既有趣又展现了AI的创作能力，如图1-1所示。

图1-1

（1）主要的AIGC工具

我国多家AI企业都推出了自主研发的生成式AI，辅助营销人员生产内容，如百度的文心一言、阿里云的通义千问等。

- **文心一言**：文心一言是百度于2023年3月推出的生成式AI产品，不仅能够与人对话互动，还能够协助文学创作、文案创作等，能够根据给出的写作要求生成指定内容。图1-2所示为使用文心一言生成的营销文案。

图1-2

- **通义千问**：通义千问是阿里云推出的一个超大规模的语言模型，功能包括多轮对话、文案创作、逻辑推理、多模态理解、多语言支持。2023年4月18日，智能办公平台钉钉正式接入通义千问，在钉钉输入"/"即可唤起智能服务，用户可根据需求撰写文案、设计海报等。
- **笔灵AI**：笔灵AI也是一款AI写作工具，覆盖多种写作场景，可在线实现工作总结、计划方案、新闻稿、演讲稿、论文、营销文案等的自动化写作。此外，笔灵AI还可以帮助营销人员续写、修改、扩展和润色已有的文档。

（2）AIGC 功能

除了企业推出的 AIGC 工具外，很多内容生产工具也上线了 AIGC 功能，帮助优化营销内容的创作。

- **剪映 App 的 AIGC 功能**：剪映 App 新增了 AI 作图、智能文案和智能包装功能，如图 1-3 所示。AI 作图可实现根据输入的文案要求自动生成图片，还可以根据需要调整图片的参数，提高图片质量；智能文案支持根据输入的文案要求自动生成讲解文案、营销文案等；智能包装支持智能分析视频素材，自动添加字幕、效果等，一键完成短视频的美化。

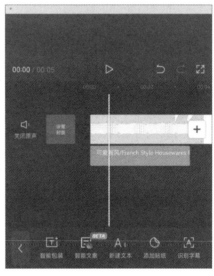

图 1-3

- **创客贴的 AIGC 功能**：创客贴是一款图片在线处理工具，用户利用其中的模板，即可完成微信公众号推文封面、电商海报、长图、H5、动态二维码等的设计。为了方便用户创作，创客贴推出了创客贴 AI，支持根据上传的图片设计产品主图，或改图、抠图等，如图 1-4 所示。

图 1-4

2．内容呈现

新技术的应用不仅优化了内容创作，也创新了内容的呈现方式，如 AI 虚拟人、元宇宙等，能给用户带来沉浸式体验。

- **采用 AI 虚拟人：** 在新媒体的短视频营销、直播营销中，常常采用 AI 虚拟人（利用 AI 技术创造的虚拟人物，即数字人）来进行内容呈现，如使用 AI 虚拟人作为短视频主角、为短视频配音或使用 AI 主播直播等。图 1-5 所示为抖音的 AI 虚拟人短视频展示页面，以及百度智能云曦灵•数字人直播平台展示的 AI 虚拟主播。

图 1-5

- **搭建元宇宙：** AR、VR 技术的联合运用为新媒体营销提供了新的内容呈现方式——元宇宙（可以看作利用 AR、VR 技术等打造的虚实共生的人造宇宙，是一个三维的虚拟世界）。在新媒体营销中，企业可以通过打造元宇宙，搭建虚拟直播间、数字演播厅、虚拟商店等，给用户带来全新的场景呈现方式，增强用户的代入感。例如，纯甄的元宇宙解馋公社活动，通过打造虚拟世界解馋公社，把回忆感十足的小卖部开进了元宇宙里，引起了用户的广泛参与。
- **输出数字藏品：** 区块链技术等的运用也为产品转化为数字作品提供了可能，如数字藏品（使用区块链技术，为特定的作品生成唯一的数字凭证，在保护其数字版权的基础上，可进行数字化发行、购买、收藏和使用）。例如，湖北省博物馆将越王勾践剑制成数字文物发售。

3．大数据分析

大数据的出现为新媒体营销的开展提供了有利的技术支撑。利用大数据技术分析行业数据、市场数据、用户数据，企业可以明确经营现状，把握目标用户的需求，制定精准的营销策略。例如，某网店利用淘宝的数据分析平台生意参谋分析网店数据，优化营销策略，增强营销效果。

（四）新媒体营销的变现方式

新媒体营销需要获得收益才能长久地持续下去，即需要变现。变现可以维持营销活动的稳定，为个人或企业带来直观的利益。新媒体营销变现的方式很多，常见的主要有以下 4 种。

1．广告变现

广告变现是新媒体营销较为常见的变现方式，是指通过发布广告来获取收益。广告变现主要有两种实现方式——直接变现、间接变现，如图 1-6 所示。

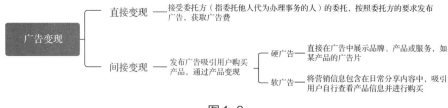

图 1-6

2．平台分成变现

平台分成变现是指通过达到平台分成要求，获取资金收入。例如，简书作者可利用"简书钻"，使文章获得更多流量，得到更多的点赞，享受更多的简书社群服务特权。简书钻即简书社区推出的一种虚拟道具，简书用户可将其变为选票，推荐自己喜欢的内容，并享受其带来的收益。简书社区每周会根据用户的持钻数量，为用户发放"持钻奖励"徽章，拥有徽章（徽章背面有奖励倍数，包括 1.1 倍、1.2 倍、1.3 倍、1.4 倍）的用户，可以将徽章与收益加成卡合成，获取"暴击"机会，得到奖励，其最终奖励为：收益加成卡×徽章倍数×"暴击"倍数。简书钻还可以 1：1 免费兑换成"简书贝"（简书中的虚拟货币，可用于平台内的交易，1 简书贝 =1 元人民币），"简书贝"可按流程兑换成人民币。

3．知识付费变现

知识付费变现可以细分为以下 3 种变现方式。

- **内容打赏变现：** 营销人员发布的内容获得用户的喜爱后，通过用户的赞赏、打赏等获得资金收入。例如，某娱乐主播在直播中获得用户打赏，就是内容打赏变现的一种体现。
- **演讲培训变现：** 营销人员在某一领域拥有一定的影响力后，可以通过开设讲解该领域知识的课程，收取课程费用进行变现。例如，某品牌创始人通过售卖计算机、新媒体运营等方面的课程获取收益。
- **咨询顾问变现：** 营销人员利用自身知识和经验，为个人或企业解答困惑，从而获得收入。例如，某考研培训师通过直播给用户解答考研疑惑，获取收益。

4．电商变现

电商变现是指在淘宝、抖音、快手等新媒体平台开设店铺，售卖与店铺定位相符的产品，实现变现。例如，美妆博主在淘宝开设美妆店；定位为讲故事的微信公众号，开设微店售卖周边产品。

【任务实践】

实践 1——分析新媒体营销案例

在初步了解新媒体营销之后，悦行计划开展一项新媒体营销活动。正式开始之前，悦行打算收集并深入剖析一些知名鞋靴品牌的新媒体营销案例，了解其营销特点、营销原则等关键细节，分析并总结其成功的原因以及失败的教训，作为制定营销策略的重要参考。

1. 实践要求

（1）利用搜索工具搜索资料。

（2）分析案例中所体现的新媒体营销特点、营销原则。

2. 实践步骤

（1）搜索案例。打开搜索引擎，输入"鞋靴品牌营销案例"，按【Enter】键查看搜索结果，如图1-7所示。

（2）分析营销案例。单击标题链接，在打开的页面中查看案例详情，任意选择3个案例进行分析，包括品牌的营销特点、体现的营销原则等。

（3）分析成败。分析品牌的营销效果，以及营销成功或失败的原因。

（4）汇总分析结果。使用表格汇总所有分析结果，以便总结，如表1-1所示。

图1-7

表1-1

品牌营销案例	营销特点	体现的营销原则	营销效果及成因
××品牌的运动鞋营销	以用户需求为营销切入点	利益原则：通过产品的"简单设计＋舒适性"优势，带给用户良好的穿着体验	效果：产品大获成功 成因：以用户需求为导向＋独特创意
××运动品牌的"国潮"产品营销	以中国文化为营销重点	个性原则：充分激发用户的民族热情，满足用户对民族特色产品的需求	效果：失败→成功 成因：前期定位出错，导致失败，后期调整策略后成功
××品牌的品牌营销	以清晰传递品牌信息为主	个性化原则：通过温暖的故事短片赋予产品情感价值，满足用户的个性化情感需求	效果：不温不火→火热 成因：为产品做减法，每款产品仅宣传一个重点，传递清晰的品牌信息，强化品牌形象和定位

（5）总结案例对自身的启示。从案例分析结果中可以获得一些启示：一是营销目的要明确；二是以用户的需求为中心；三是营销策略要符合品牌定位。

实践2——使用AIGC工具制定营销策略

悦行此次营销活动以强化品牌形象为重点，要向用户传递清晰的品牌形象：轻时尚、舒适、环保。但在制定策略的过程中，悦行遇到了挑战，难以厘清营销思路。为解决这一问题，悦行决定借助 AIGC 工具辅助制定更具精准性和有效性的营销策略。综合判断后，悦行选择了文心一言。

1. 实践要求

能够熟练使用文心一言辅助制定新媒体营销策略。

2. 实践步骤

（1）明确使用目的。此次使用文心一言旨在为悦行制定可参考的新媒体营销策略。

（2）明确营销目的。此次营销活动旨在强化品牌形象，因此，营销策略的制定需要围绕这一目的进行。

（3）确定要求。根据使用目的、营销目的、目标用户提要求，如"悦行是一个新兴鞋靴品牌，计划开展一场营销活动，活动目的为强化品牌形象、目标用户为 25 ～ 40 岁的时尚意识强烈的用户。根据这些信息为悦行制定营销策略。"

（4）发送要求。在浏览器中搜索并登录文心一言，打开"新建对话"页面，在底部的文本框中输入要求并按【Enter】键发送，然后查看给出的营销策略，如图 1-8 所示。

图 1-8

任务二　组建新媒体营销团队

为了确保任务高质量完成，悦行需要组建一支高效、专业性强的新媒体营销团队，为品牌推广和业务开展提供强有力的支持。

【相关知识】

（一）新媒体营销团队组建原则

组建新媒体营销团队，首先需要明确团队成员的构成，即需要多少人，这些人应当具备哪些知识、素质和能力等，这就要求在组建团队时遵循一定的原则，具体如图 1-9 所示。

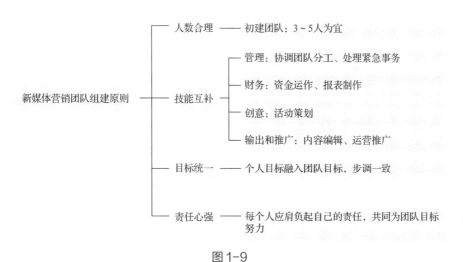

图 1-9

（二）新媒体营销团队角色分工

确定好团队组建方向之后，就可以按照新媒体营销团队的架构来组建团队，做好人员的角色分工。一般来说，企业规模越大，新媒体营销团队的分工越细，常见的角色分工如图 1-10 所示。

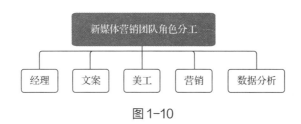

图 1-10

1. 经理

经理是新媒体营销团队的主要负责人，负责团队的管理工作，是营销活动实施的统筹者，主要工作内容如下。

- **管理团队**：全面主持新媒体营销工作，将上级的工作指令执行、传递到位；指挥、指导、协调、监督营销工作的开展，制定团队的内部管理措施、规范业务流程等。
- **制订新媒体营销计划**：结合营销情况及商品，制订月度、季度、年度营销计划，量化绩效指标。

- **统筹新媒体营销实施**：根据新媒体营销计划，统筹工作安排，带领团队实现营销目标。
- **分析新媒体营销活动实施效果**：挖掘、分析和总结用户的行为，监控推广效果，并通过数据分析评估营销活动的实施情况。

2．文案

文案人员主要负责撰写营销文案，并评估文案的投放效果。

- **策划与撰写营销内容**：根据品牌和产品营销需求撰写对应的营销文案，并能够根据不同新媒体平台的特点写作不同形式的文案，如图文、短视频、直播等。
- **撰写营销活动文案**：根据策划的营销活动，写作有针对性的营销文案，以吸引目标用户的注意，并提高其参与度。
- **跟进热点事件**：持续跟进社会热点，有计划地发布与之相关的营销文案，以宣传品牌。
- **评估文案效果**：投放文案后，收集相关的数据，评估投放效果，并提出优化建议，以提高文案质量。

3．美工

美工人员主要负责图文、视频等的设计工作，具体工作内容如下。

- **拍摄与制作图片**：拍摄微博、微信、今日头条等新媒体平台宣传所需的图片，使用Photoshop、iH5等工具将图片制作成宣传海报、H5作品等。
- **图文排版**：使用排版工具排版图片、文字，确保新媒体文案的美观度。
- **拍摄、剪辑视频**：拍摄符合营销目的的视频，并完成后期剪辑等。

4．营销

营销人员主要负责新媒体营销活动的策划和实际开展，拓展新媒体合作伙伴、维护与用户的关系，具体工作内容如下。

- **活动策划**：根据营销需求策划相应的营销活动，并推广落实。策划时需要明确营销活动的产品、流程、成本、预期效果等。
- **活动开展**：根据上级领导的指示，在各新媒体平台开展营销活动，并利用各种引流工具引流推广新媒体营销活动。
- **与粉丝互动**：根据营销策略，发起互动话题、开展互动活动等，或通过回复用户的评论与粉丝互动。
- **收集用户意见**：收集汇总用户的反馈意见，及时反馈给相关部门；深入挖掘用户的需求，为用户提供优质的内容。

5．数据分析

数据分析人员主要负责新媒体营销相关数据的分析，包括：调研与分析新媒体平台的数据，制作数据报告；建立用户数据库，分析用户数据；收集、分析活动数据，为活动的改进提供依据。

（三）新媒体营销人员能力和素质要求

虽然角色分工不同，但对个人或中小企业来说，由于资源有限，新媒体营销团队的分工不会过于精细，这就要求营销人员具备多方面的能力。

1. 能力要求

能力是营销人员的立身之本。一般来说，新媒体营销团队中的人员应当具备以下能力。

- **策划能力**：营销人员应当能够独自完成营销活动、营销内容的策划，包括线上和线下两方面。
- **文案写作能力**：营销人员要具备良好的书面语言表达能力、文案语言风格把控能力、具体文案内容的写作能力和文案写作技巧的运用能力等，能根据平台特点写作不同风格的营销文案，包括电商文案、微博营销文案、微信营销文案等。
- **设计和排版能力**：营销人员要具备设计图片和排版图文的能力，能够使用创客贴、Photoshop、135编辑器等工具进行设计、排版工作，给用户良好的视觉体验。
- **资源整合能力**：营销人员要善于了解发掘、整合可用资源，在了解企业已有传播渠道和营销模式的基础上，积极收集和合理利用网上资源（如文章素材、优质合作对象等），充分整合后科学地选择最有利于企业的营销方式，从而最大限度地优化新媒体营销效果。
- **数据分析能力**：营销人员要了解平台核心数据指标的含义，学会分析阅读数、点赞数、转发数、新增粉丝数等，以便评估营销效果，并根据数据分析结果制定或调整营销策略。

2. 素质要求

除了具备基本的能力外，营销人员还应当具备较高的专业素质。

- **敏锐的网感**：网感即网络敏感度，反映的是营销人员对网络流行热点（如网络热点话题、网络热点词汇、网络热点表情包等）的敏锐度。网感能够帮助营销人员从海量信息中快速捕捉关注焦点，并判断网络趋势，进而有利于内容的输出和活动的开展。
- **及时跟进热点**：发现热点后，营销人员要及时跟进，把握先机，将产品或品牌与网络热点合理地结合起来，打造具有吸引力的营销内容，制造营销优势。
- **敏锐的洞察力**：新媒体营销要想获得爆发式效果，如引发全网热议，营销人员就需要具备敏锐的洞察力。这要求营销人员洞察用户心理，与用户建立精神共鸣，创造出能够赢得用户认同的内容。

（四）职位晋升

为了更好地激励营销人员，可以为其规划一条职位晋升道路。根据营销人员的专业能力和经验水平，划分出不同的职位等级，以有效激励营销人员提高自身的专业能力，进而促进企业整体竞争力的提高。

1. 新媒体营销专员

新媒体营销专员即初级营销人员，其作为新媒体营销团队中的新鲜血液，通常具有较高的热情和求知欲，但同时也可能存在经验不足、技能不够成熟等问题。因此，针对初级营销人员的职位设置，应当注重以下两个方面。

- **工作设置**：初级营销人员的工作内容较为简单，主要是基础的文字编辑、排版。
- **薪资设置**：初级营销人员的薪资一般不会太高，其月薪一般在 4 000 ～ 8 000 元。

2. 高级新媒体营销专员

对于已有 3 ～ 5 年工作经验、能力优秀的营销人员，可以将其晋升为高级新媒体营销专员（即高级营销人员），让其负责难度更大的工作，并提高其薪资待遇。

- **工作设置**：由于高级营销人员的营销经验丰富、内容生产能力和活动策划能力较强，因此通常会单独负责一个账号的运营。
- **薪资设置**：高级营销人员的薪资应有所提升，其月薪一般在 8 000 ～ 10 000 元。

3. 新媒体营销主管 / 经理

如果营销人员有 5 年以上的经验，并且有较强的专业能力，就可以将其晋升为新媒体营销主管 / 经理。

- **工作设置**：新媒体营销主管 / 经理的团队管理经验丰富、数据分析能力强，主要负责新媒体营销矩阵的运营、团队的管理。
- **薪资设置**：新媒体营销主管 / 经理的薪资会有更大的提升，其月薪一般在 10 000 ～ 15 000 元。

【任务实践】组建悦行的新媒体营销团队

组建新媒体营销团队是悦行开展营销的关键。该团队将制定并执行营销策略，并与目标用户和合作伙伴建立联系，提高品牌认知度。在团队组建方面，悦行计划招纳有经验的新媒体营销专业人才，预计招纳 4 人，并通过清晰的职责划分确保团队目标的实现。

1. 实践要求

（1）合理分析新媒体营销团队的人员需求。

（2）根据岗位设置明确各岗位人员的职责和所需技能。

2. 实践步骤

（1）根据品牌需求明确人员需求。悦行当前的主要需求是打造品牌、扩大品牌影响力，因此需要一批对新媒体营销市场比较了解、有经验、有创新思维、执行力强的营销人才。

（2）确定营销团队的人员组成。初创期的营销团队，通常由 5 类角色组成：经理、文案、美工、营销和数据分析。然而，从该营销团队的人数需求来看，数据分析工作可以由团队成员共同承担。因此，可以将团队人员组成确定为经理、文案、美工、营销。

（3）明确岗位的职责和所需技能。根据品牌当前的业务需求，确定各岗位人员的职责和技能要求。就经理而言，其作为团队的负责人，应当具有全局观，对整个新媒体营销和鞋靴市场较为了解，且能把握好策略制定的总方向。就文案而言，其应当具备创新性思维，能够创造性地设计出具有新意和吸引力的营销文案，同时具有扎实的文字功底、较强的沟通能力。就美工而言，其主要负责视觉设计，除了需要具备较强的视觉设计能力、熟悉各种设计软件外，还要具备创意思维，能够将品牌的亮点清晰地展示出来。就营销而言，作为具体营销活动的策划者和用户的管理者，不仅要熟悉主流的新媒体平台，还应具备活动策划能力、较强的活动执行力，以及与用户、其他成员沟通的能力。

（4）明确岗位要求。明确各岗位的基本条件，包括学历、工作经验等。结合悦行对人员的需求，可以将学历要求设定在本科及以上，并要求具有一定年限的新媒体营销工作经验（如有 1～3 年新媒体营销工作经验）。汇总整理以上所有信息，如表 1-2 所示。

表 1-2

组成人员	岗位职责	技能要求	岗位要求
经理	（1）管理团队 （2）管理新媒体平台账号，规划日常营销计划和活动营销计划 （3）新媒体营销和鞋靴市场分析 （4）负责商务合作 （5）分析和评估营销效果	（1）较强的管理和领导能力 （2）具有全局观念和前瞻意识 （3）具有敏锐的市场洞察力 （4）具有较强的沟通和谈判能力	（1）本科及以上学历 （2）有 5 年以上新媒体营销工作经验
文案	（1）负责写作各新媒体平台的日常营销文案 （2）负责写作营销活动中的各种营销文案 （3）负责营销文案的优化 （4）分析和评估营销效果	（1）具备创意思维，能够写出具有新意和吸引力的营销文案 （2）具有扎实的文字功底 （3）具有较强的沟通能力	（1）本科及以上学历 （2）有 1～3 年新媒体营销工作经验
美工	（1）负责品牌的视觉设计，包括图片、视频、直播等方面 （2）分析和评估营销效果	（1）具备较强的视觉设计能力 （2）具备较强的审美能力，熟悉新媒体营销市场和鞋靴市场的审美趋势 （3）能熟练使用各种设计软件	
营销	（1）执行营销计划 （2）负责营销活动的具体策划 （3）分析和评估营销效果	（1）具备较强的活动策划能力和执行力 （2）具备较为敏锐的热点感知力 （3）具备数据分析能力	

（5）招聘人才。在各招聘渠道发布招聘信息，面试应聘人员，筛选出符合要求的人员，组成营销团队。

任务三　新媒体营销的方式

在组建了专业的新媒体营销团队后，悦行便开展了全方位的新媒体营销，运用多元化的营销方式来推广品牌，多角度、多层面地展示了悦行的品牌魅力。

【相关知识】

（一）口碑营销

口碑营销的核心是口碑，一般利用用户对产品或品牌的良好评价，引导用户自主传播口碑，进而影响其他用户对产品或品牌的看法及态度，甚至改变其他用户的购买行为。口碑营销可以帮助企业树立良好的企业形象，提高产品或品牌的曝光度，增加用户的忠诚度。

1. 树立口碑

口碑营销需要建立在良好的产品或服务质量上，通过发掘企业在产品、服务方面的闪光点，从而有意识地树立口碑。

- **树立经验性口碑**：利用用户对产品或服务正面的、直接的感受，说服其他用户，为企业树立良好的品牌形象。例如，某护肤品品牌招募"素人"博主，邀请他们使用自家的产品，然后将良好的、真实的使用感受发布到小红书，向其他用户分享自己的使用体验，进而影响用户对品牌的印象。
- **树立继发性口碑**：通过开展营销活动，宣传品牌，向用户传递正面的品牌信息，为企业树立良好的口碑。例如，某品牌在春节期间开展"新年穿红的100个理由"活动，将"红色"与用户熟悉的事物关联，触达用户心智，赋予活动更多人情味的同时也深化了用户对品牌的认知。
- **树立有意识口碑**：邀请艺人代言产品，为产品发布上市打造正面口碑。例如，某洗发水品牌选择我国知名武打演员为代言人，利用其良好形象影响用户对品牌的看法，进而打造良好的口碑。

高手秘技

这3种口碑树立方法具有明显的区别，其中，经验性口碑的树立实质上是对"人人都说好"的利用，继发性口碑的树立其实是利用"实践出真知"来让用户自己说服自己，有意识口碑的树立则在一定程度上利用了用户"爱屋及乌"的特性。

2. 传播口碑

成功树立口碑后需要积极传播口碑，进一步扩大口碑的影响力。

- **围绕口碑打造话题**：口碑具有话题性才更容易被传播，因此需要围绕口碑打造话题，如微博热门话题。例如，某矿泉水品牌为了宣传其良好的口碑，围绕其优质的产品——矿泉水打造微博热门话题，通过话题传播产品，以产品的优质带动口碑。
- **选择合适的传播渠道**：口碑的传播渠道众多，线上有各大新媒体平台，线下有商场广告展示屏、门店等，选择合适的传播渠道更有利于口碑的扩散。一般来说，可以多渠道同时传播（如在多个新媒体平台发布同名话题内容），扩大口碑的传播范围。

3. 维护口碑

开展口碑营销的过程中，如果操作不当，会给品牌带来负面影响，因此需要做好口碑维护。维护口碑可以从3个方面出发：一是严把产品质量关，用心做好服务；二是注重用户反馈；三是实时监测口碑营销数据，避免出现负面影响。

（二）事件营销

事件营销是指利用新闻的规律，将营销活动制造成具有新闻价值或营销价值的事件，从而引起媒体、社会团体和用户的关注，并得到广泛传播，进而促成产品或服务销售的过程。好的事件营销可以为产品上新、品牌展示创造机会，也可快速提高品牌的知名度与美誉度。

1. 确定营销方式

事件营销的方式主要有两种（见图1-11）：一是自主策划事件开展营销，二是借助已有的热门事件开展营销。

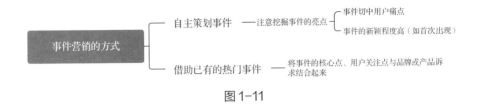

图 1-11

2. 选择事件

选择事件时需要从多个方面考虑，精准地选择与品牌相关的事件，确保营销活动的成功实施并达到预期的效果。

- **新闻事件：**对品牌产品或服务有价值、覆盖面广、影响大的新闻事件。
- **名人事件：**利用名人的影响力提高产品附加值，扩大影响范围，如邀请某名人为品牌代言人。
- **热门事件：**广受关注的社会热门事件，如微博热搜上的各类热门事件。
- **体育事件：**一般是重大的体育赛事，如世界杯、奥运会等。例如，一些品牌以赞助或冠名的方式借助体育事件开展营销。
- **实事事件：**一些突然的、特定发生的实际事件，可以是自然事件、政治事件，也可以是社会事件。

高手秘技

在选择事件时，营销人员要避开一些不适合开展事件营销的事件，如敏感事件、负面事件等，以免影响品牌形象。

3. 宣传事件

选择好事件后，需要使用合适的方法宣传事件，有效提高事件的曝光度和热度，吸引更多用户的关注和参与。

- **设计有吸引力的宣传口号和标语：**为事件设计简洁有力、易于记忆的口号和标语，让用户更容易记住和传播事件。
- **慢慢揭晓事件的细节：**根据事件的进展，逐步揭晓事件的细节和内容，引起用户的好奇心。例如，可以通过预告、剧透等方式来营造期待感和悬念。
- **借助名人的影响力：**与知名人物合作，借助他们的名气和影响力来宣传事件，如邀请名人作为嘉宾参加营销活动等。

（三）IP营销

IP（Intellectual Property，知识产权）是包括音乐、文学和其他倾注了创作者心血的词语、符号和设计等在内的，法律赋予了其独享权利的作品。简单来说，IP营销就是利用自带吸引力的IP进行产品推广和品牌建设的营销方式。

1. 打造IP

IP营销通过IP赋予了品牌更多的附加价值，如情感价值、美誉度等，将用户对IP的情感迁移到品牌身上。因此，IP的打造非常重要。

- **打造自有IP**：将自身的品牌或产品拟人化或拟动物化。例如，蜜雪冰城将品牌打造成拟人化形象——雪王。
- **借势知名IP**：选择与市面上有一定知名度的IP进行合作，以联名的方式赋能品牌。例如，某咖啡品牌与知名动画片《猫和老鼠》中的知名IP——猫、老鼠合作，推出了联名产品，吸引了众多用户前往线下门店购买。

2. 传播IP

打造IP后，营销人员还需要传播IP，以扩大IP的影响力。

- **围绕IP输出内容**：针对IP本身持续输出有价值的内容，可以保持用户对IP的持续关注，如输出与IP相关的短视频、动漫等。例如，蜜雪冰城围绕雪王发布了短视频，制作了以雪王为主角的动漫。
- **为IP引流**：IP自带流量，不会受到媒体、平台和行业的限制，因此营销人员可以通过不同的渠道进行营销，提高IP的知名度，实现全方位的引流。

3. IP变现

IP变现是实现IP价值的重要手段。常见的IP变现方式有出售衍生品、售卖IP联名产品等。例如，北京环球影城不仅通过售卖门票变现，还通过销售衍生品变现，如影视人物同款服饰等。

（四）情感营销

情感营销从用户的情感需求出发，将情感寄托在营销之中，唤起用户的情感需求，激起用户的情感共鸣，建立与用户的情感连接，可以有效提高用户对品牌的忠诚度。

1. 选择情感

情感是情感营销的基础，开展情感营销前，选择好用于营销的情感很重要。常见的情感类型有亲情、爱情、友情、自我价值的肯定等，一般来说，情感越容易与品牌或产品进行关联，越适合用于情感营销。

2. 传递情感

情感营销的成功与否依赖于情感传递的有效性，情感传递得越透彻，情感营销成功的可能性越高。在情感营销中，可以选择用户普遍容易接触到、表现力强的载体来传递情感，如定制设计和主题设计、情感包装、广告语等。

- **定制设计和主题设计**：定制设计指在制造、设计产品或提供服务时，考虑到不同用户的消费需求，提供相应的定制服务，如全屋定制；主题设计指抓住用户在某一特定时间段的特殊情感需求，打造出能够表现情感的主题，再根据主题设计产品或提供服务，引起用户共鸣，如亲子主题乐园、爱情主题的情侣装等。
- **情感包装**：从产品的包装材料、图案、色彩、造型等入手，形成独特的风格和特殊的内涵，给用户不同的情感享受，从而引发用户的好感和心理认同，激发用户的购买欲望，如采用礼盒装以示尊重。

- **广告语**：广告语是传递情感的一种直接、有效的方式。设计能够让用户产生情感共鸣的广告语，可消除用户对广告的抵触，挖掘用户现实或潜在的需求。

3. 营销情感

在传递情感的同时，也要营销情感，增强用户的参与感。常见的方式有发布与情感营销相关的短视频、开展与情感营销主题相关的话题讨论活动、举办线下活动等。例如，某护肤品品牌以"热爱"为主题，通过发布与热爱相关的短视频、在线上开展与热爱相关的话题讨论活动、线下赠送鲜花等方式，促进了情感的有效营销。

（五）跨界营销

跨界营销是指某品牌联合非该品牌所在行业的另一品牌，推出与另一品牌主营业务相关产品或服务的一种营销方式。

1. 选择跨界品牌

开展跨界营销，首先需要选择一个与本品牌有相似性和差异性的品牌。

- **相似性**：双方有相似的目标用户群体、相似的品牌地位，以便借助双方的优势和资源来发挥协同作用，平等地开展合作。
- **差异性**：双方的营销渠道、产品形态、品牌调性、使用场景等存在一定的差别，且不具备竞争性，这样才能使跨界营销具有一定的话题度和新鲜感。

2. 选择跨界营销方法

常见的跨界营销方法主要有两种，一是通过内在联结点开展跨界营销，二是通过制造反差开展跨界营销。

（1）通过内在联结点开展跨界营销

要想开展一次成功的跨界营销，需要先厘清品牌双方的联系，即可以通过什么方式将两个品牌联系在一起，实现 1+1>2 的营销效果。

- **元素**：通过两个品牌之间的某种关键性元素建立联系，达成相互强化的效果。在选择元素时，应重点分析跨界双方的产品或服务，然后从中挑选出具有相似性，或能够联合起来的元素。
- **场景**：通过两个品牌的使用场景建立联系，赋予场景新的价值。在选择场景时，需要充分考虑两个品牌分别会出现在哪些场景中，然后选择其中较为合适的一种场景，将两个品牌融入进去。

（2）通过制造反差开展跨界营销

跨界营销的本质是利用不同品牌之间的"化学反应"制造话题，而能够制造话题的跨界品牌之间往往都具有反差感，能够引发用户的想象和讨论。如果合作品牌之间的关联度不高，或看起来似乎是对立冲突的，可以通过制造反差，引起用户讨论，开展跨界营销。

3. 落实跨界营销

跨界营销的落实主要有 3 种方式，一是推出跨界联名产品，这种方法被经常使用；二是联合开展快闪（多人在某一地点、某一时间不约而同地做同一系列歌舞的行为）活动；三是进行资源技术合作。

高手秘技

> 除此之外，还有一种特殊的跨界营销，即品牌主动打破行业壁垒，涉足另一全新行业，并推出相应的产品或服务。这种跨界营销可以让品牌在新的领域内获得一定的市场份额，并借助新产品的推出加速品牌发展。例如，某服装品牌从服装行业跨界到饮料行业，推出电解质饮品，并通过各种营销方式营销该饮品。

（六）借势营销

借势营销是将营销目的隐藏在营销活动中，将产品信息融入用户喜闻乐见的环境，使用户在该环境中了解产品并接受产品的营销手段。借势营销具有低成本、高成效的特点，是常用的营销方式之一。

1. 借势节气民俗

节气是指我国的二十四节气，即立春、春分、立夏、夏至、立秋、秋分、立冬、冬至等节气，每一个节气都有其不同的习俗及文化，如清明有祭祖的习俗等。借助节气民俗的影响力时，要把握一定的技巧。

- **熟悉节气民俗**：选择节气民俗前，营销人员应该查阅相关资料，了解节气的风俗习惯，避开忌讳，以免得不偿失。
- **与品牌或产品结合**：根据品牌或产品的特点，将其与节气民俗结合起来进行营销。例如，秋分当天，某零食品牌利用其面包产品与秋分时期大自然的颜色的相似性，将二者进行有效结合，如图 1-12 所示。

2. 借势节日

节日是人们生活中不可或缺的一部分，往往与假期相连，为人们提供了休闲和娱乐的时间，这也让节日拥有了较高的关注度。因此，借势节日可以获得更好的营销效果。一般而言，借势营销常用的节日有元旦、春节、元宵、清明、端午、中秋和国庆等。图 1-13 所示为某品牌借助中秋节开展营销。

图 1-12   图 1-13

素质课堂

节气民俗和节日是中华文明智慧的结晶，其中蕴含的"盛需警戒，衰亦不馁""自强不息""天人合一"等人生哲理至今仍值得学习和借鉴。营销人员肩负传承和发展的重任，应当以其为创作源泉，推动文化和新媒体营销深度融合发展。

3. 借势社会重点事件

重点事件一般指发生在体育界、教育界等，产生重大影响，能够引起众多用户关注，容易抓人眼球的新闻事件。重点事件本身具有很强的传播性，能引起用户的广泛关注，营销人员若是运用得好，就有利于提高产品销量，树立品牌形象。

4. 借势热点

热点就是某一时间段内，在社会上引起广泛讨论的事件，其点击率及热度都较高，并且在各大新媒体平台上都能够看到关于此事的话题。例如，杭州亚运会期间，金典、安踏和娃哈哈等品牌纷纷利用亚运会这一热点开展营销。

【任务实践】

实践1——开展口碑营销

悦行的营销活动主要分为两个阶段，第一阶段是借助口碑营销来传递品牌理念"轻时尚、高质量、环保生活"，借助经典马丁靴塑造正面口碑，并通过与知名达人合作、社交媒体宣传等手段扩大品牌影响力。为确保营销活动的顺利开展，悦行需要明确口碑营销的具体流程和步骤。

1. 实践要求

按照口碑营销的流程开展营销活动。

2. 实践步骤

（1）树立口碑。此次口碑营销以经典马丁靴为突破口，在树立口碑阶段，可以分两步走，具体如表1-3所示。

表1-3

树立口碑	策略	实现方法
树立经验性口碑	邀请已购买产品的用户在小红书等平台分享使用体验	在网店产品详情页发布文案，引导用户在小红书分享使用体验，如图1-14所示
塑造正面口碑	与知名时尚达人合作，让其试用产品并分享使用体验，进一步增加品牌曝光度	在小红书、抖音搜索鞋靴相关的时尚达人，观看达人发布的内容，如果风格符合要求，通过其公布在个人主页的联系方式取得联系，沟通合作事项。达人推广示例如图1-15所示

（2）传播口碑。一方面，多平台宣传用户的良好评价，如在产品详情页展示用户好评；另一方面，鼓励用户自发生成内容和参与营销，如在微博、抖音、小红书等开展与经典马丁靴相关的产品创意比赛、话题活动等，鼓励用户就活动生产内容，并发布到多个平台，形成广泛的讨论。

图 1-14　　　　　　　　　　　图 1-15

（3）维护口碑。建立一套完善的口碑管理机制，包括用户评价管理和危机应对措施等，确保用户的声音能够被听到并让问题得到妥善处理。例如，就用户评价管理而言，悦行可以在经典马丁靴的产品详情页突出用户好评，对不好的评价予以妥善处理；在活动专区中将点赞数量多的优秀内容置顶。就危机应对措施而言，先针对可能影响口碑的问题（如产品质量方面、价格方面、售后服务方面、代言人方面等）设置危机预案，一旦出现危机，立即启动预案，争取挽回口碑。

实践 2——开展 IP 跨界营销

第一阶段的活动取得成功后，悦行将进入第二阶段的营销活动。在此阶段，悦行更加注重品牌影响力的持续扩大和用户黏性的提升。为此，悦行与知名博物馆展开合作，通过深入挖掘博物馆这一 IP 背后的元素，推出联名款鞋靴，开展 IP 跨界营销。该博物馆的部分特点如下。

* 该博物馆本身是个大 IP，近期推出了不少文创产品。
* 该博物馆整体气势恢宏、色彩鲜明，屋顶多用金黄色，立柱、门窗、墙垣等处多用砖红色装饰，檐枋多施青蓝、碧绿等色，衬以石雕栏板及石阶之白玉色。
* 该博物馆大门是一大景观，顶部有青蓝、碧绿等色的浮雕，门上有龙狮衔环。

1. 实践要求

（1）根据两个品牌的情况开展 IP 营销。
（2）将鞋靴和博物馆元素合理地融合在一起。

2. 实践步骤

（1）确定 IP。该博物馆本身是一个 IP，且知名度高，可以直接借势该 IP。

（2）确定跨界元素。其一，博物馆的建筑颇具特色，特别是其建筑的颜色，极具代表性，而鞋靴的颜色也是展示鞋靴亮点的地方，因而颜色可以成为跨界元素，围绕颜色设计联名产品，示例如图 1-16 所示。其二，博物馆的大门作为特色景观之一，也具有较强的代表性，可以将大门的整体形象作为跨界元素，以此为灵感设计产品包装，突出大门的浮雕、龙狮衔环等。

（3）推出联名产品。在各大平台发布跨界消息，如在微博发布即将推出联名产品的信息，为产品预热，如图 1-17 所示。预热后在线上网店发售联名产品，为产品变现做准备。

图 1-16

××博物馆馆藏灵感注入其中！
当潮流遇上"国风"，碰撞出不一样的火花！
快快购买同款！😊
3月13日，全国门店，#霸气#临城，准时开售！

图 1-17

（4）推广联名产品。通过多种途径推广联名产品，如：通过直播重点宣传该联名产品，甚至给予新品优惠；制作与联名产品相关的短视频，或者是宣传片，突出产品的卖点等，还可以与多个知名达人合作，让其制作联名产品的开箱短视频。

【综合实训】

（一）组建宏达科技的新媒体营销团队

1. 实训背景

宏达科技是一家专注于 IT 产品研发、生产和销售的公司。随着互联网的发展，宏达科技决定拓展其业务领域，进军智能家居市场。该市场的潜在用户主要为"80 后""90 后"，他们注重生活品质，追求便捷和舒适的生活方式，在新媒体平台上非常活跃。为此，宏达科技需要组建一个专业的新媒体营销团队，通过新媒体营销来提升所占智能家居市场份额、提高产品销量。对团队的要求如下。

- 对智能家居行业有一定了解。
- 能够产出多种形式的营销内容，如图文、短视频、直播等形式，能够多平台营销。
- 能够准确分析营销数据，为营销提供数据支撑。
- 能够根据营销需要策划和执行营销活动。
- 成员人数为 4 ～ 5 人。

2. 实训要求

（1）明确新媒体营销团队的成员构成。
（2）明确组建团队的方法。

3. 实训思路

（1）明确团队构成。根据宏达科技对团队的要求确定团队构成，如根据要求可暂时将团队职能划分为 4 种，得出该团队需要文案人员和营销人员。
（2）明确各职能要求。根据确定的团队成员以及团队要求，明确人员需要满足的要求，做好分工，并完成表 1-4。

表 1-4

团队构成	职能要求	负责工作
如: 文案人员	对智能家居行业有一定了解、能够产出多种形式的营销文案, 如图文类文案、短视频文案、直播文案等	文案写作

（3）明确团队组建方法。可从内部选拔和外部招聘两个方面来考虑, 如通过电子邮件、短信等将职位信息发布在公司内部, 由公司员工自荐或他人举荐, 从员工中选择满足职能要求的员工加入新媒体营销团队。

（二）使用借势营销和口碑营销推广智能门锁

1. 实训背景

宏达科技的智能家居产品质量过硬、技术先进, 很快积累了一批忠实用户, 并开设了线下门店。近期, 宏达科技推出了一款智能门锁, 旨在解决用户忘带钥匙或丢失钥匙的烦恼, 通过指纹识别和密码解锁, 为用户提供安全、方便的出入方式。宏达科技计划围绕智能门锁开展借势营销和口碑营销活动, 以吸引更多的潜在用户、提高智能门锁销量。恰好, 某知名博主因为外出拿外卖未带钥匙, 被狗关在门外的事件登上热搜。

2. 实训要求

根据实训背景, 给出比较详细的营销思路。

3. 实训思路

（1）确定活动主题。从智能门锁本身的特点出发, 如"智能门锁, 让家更安全"。

（2）选择借势对象。可以选择当前与门锁相关的热点事件, 与热点事件中的博主合作, 借助其热度。

（3）明确借势方式。结合热点事件与智能门锁的功能来设计, 如邀请博主参与智能门锁的测评, 在短视频中重现热点事件, 展现智能门锁的强大功能。

（4）明确口碑类型。可以从品牌本身的知名度、营销目的、用户的角度来确定口碑类型, 如从用户角度来打造经验性口碑。

（5）明确口碑打造方式。经验性口碑的打造可以以用户使用感受为基础, 如邀请用户在新媒体平台分享智能门锁的使用心得, 并赠送礼品以示激励。

【思考与练习】

一、填空题

1. AIGC 是指_____。

2. 广告变现是通过_____获取收益。

3. 新媒体营销团队组建的原则有_____、_____、_____、

_____。

4. ＿＿＿＿＿＿主要负责新媒体营销活动的策划和开展，拓展新媒体合作伙伴、维护与用户的关系。

5. 积极收集和合理利用网上资源，并充分整合，是＿＿＿＿＿＿的体现。

6. ＿＿＿＿＿＿是利用用户对产品或服务正面的、直接的感受，说服其他用户，为企业树立良好的品牌形象。

7. 事件营销的方式主要有两种，分别是＿＿＿＿＿＿、＿＿＿＿＿＿。

8. ＿＿＿＿＿＿是将营销目的隐藏在营销活动中，将产品信息融入用户喜闻乐见的环境，使用户在该环境中了解产品并接受产品的营销手段。

二、选择题

1.【单选】在新媒体营销中，为用户提供切实的利益体现了（　　　　）。
　　A．趣味原则　　　　B．利益原则　　　　C．互动原则　　　　D．个性原则

2.【单选】以下可以用于事件营销的事件是（　　　　）。
　　A．飞机失事事件　　　　　　　　B．狗咬人事件
　　C．杭州亚运会　　　　　　　　　D．台风暴雨致灾事件

3.【单选】有人说"淄博的火，是善良、温暖烧起来的"。从这句话中可知，淄博的爆火中，发挥重要作用的营销方式是（　　　　）。
　　A．口碑营销　　　　B．IP 营销　　　　C．事件营销　　　　D．情感营销

4.【多选】新媒体营销人员应当具备的技能有（　　　　）。
　　A．策划能力　　　　　　　　　　B．文案写作能力
　　C．设计和排版能力　　　　　　　D．敏锐的网感

5.【多选】敦煌博物馆多次与其他品牌携手推出联名款产品，主要运用了（　　　　）。
　　A．情感营销　　　B．IP 营销　　　C．跨界营销　　　D．借势营销

三、简答题

1. 简述新技术在新媒体营销中的应用。
2. 简述新媒体营销团队的角色分工。
3. 简述开展口碑营销的流程。
4. 简述开展借势营销的方法。
5. 简述开展跨界营销的流程。

四、操作题

1. 假设你是初加入某品牌电商运营部的营销人员，该部门营销人员的晋升路径为营销专员→高级营销专员→项目负责人→营销经理。请为自己制作一份职位晋升计划。

2. 假设你是某运动鞋品牌的营销人员，该品牌计划围绕品牌理念"因爱专注"开展情感营销活动，深入挖掘用户对自我、家人的热爱，以宣传新款舒适跑鞋。该跑鞋的核心卖点为"匠心制作"。请为该品牌制定情感营销策略。

3. 某博物馆拥有丰富的文物藏品，具有很高的历史和文化价值。然而，由于缺乏有效的营销策略，参观人数逐渐减少。为了提高博物馆的知名度和吸引更多的游客，该博物馆决定借助文物藏品开展营销活动。参考北京故宫博物院的新媒体营销策略，为该博物馆选择合适的营销方式，并制定可行的营销策略。

项目二
新媒体营销定位

【学习目标】

> ➤ 掌握用户定位的方法。
> ➤ 掌握内容定位的方法。

【素养目标】

> ➤ 筑牢信息安全防线，自觉维护用户信息安全。
> ➤ 坚持推动内容高质量发展，以优质内容助推文化发展。

【情景导入】

健身方程式是专注于提供高质量健身服务的品牌，以"让健身变得更有趣、轻松"为口号，以"为年轻人提供专业化健身指导"为定位。然而，在消费需求多样化的背景下，健身方程式的市场定位过于局限，无法有效吸引并留住目标用户，市场增长缓慢。此外，竞争对手的差异化定位和优质服务也对健身方程式构成了一定的威胁。因此，健身方程式需要重新定位，谋求更快速、长远的发展。

任务一　用户定位

健身方程式积极开展深入的用户调查，谋求更精确的用户定位和用户需求，通过分析调查数据，进一步调整新媒体营销策略，并制定更有效的营销方案。

【相关知识】

（一）调研用户信息

用户定位需要有明确的方向，即需要明确要解决的实际问题。然后以问题为导向，进而明确需要调研的用户信息，以解决问题、达成目的。

1. 明确调研目的

调研用户信息可以帮助企业了解用户的喜好、满意度和真实需求，从而更快地成长。一般来说，调研用户信息都会有明确的目的，具体目的如图2-1所示。

图 2-1

2. 明确信息收集范围

一般来说，用户信息主要分为两类：用户属性信息和用户行为信息。营销人员可以直接根据分析的内容，确定需要收集的用户信息。

（1）用户属性信息

用户属性是指用户的不同分类属性，包括用户的性别、年龄、所在城市、职业、收入水平、消费水平、消费行为等基本信息，不同属性的用户在消费理念、消费习惯和消费需求上都不同。分析用户属性，有助于找准目标用户群体，开展针对性更强的营销活动，促进用户的消费行为，增加产品或品牌的影响力。

（2）用户行为信息

就新媒体营销而言，用户行为一般指用户的购买行为及实际消费行为。用户行为不是静态的，它被用户意向（用户选择某种产品的主观倾向）所影响，在时间上呈现出动态的变化，主要通过产品偏好、兴趣偏好等体现出来。

- **产品偏好：** 用户对产品品牌、价格、质量、外观、材质、触感、口感等的偏好。例如，同样是方便面，在品牌上，有的人偏好今麦郎，有的人偏好白象；在口味上，有的人偏好老坛酸菜口味，有的人偏好番茄鸡蛋口味。
- **兴趣偏好：** 用户对产品类目、款式、购买方式等的偏好。例如，有的人喜欢到线下门店购买产品，有的人喜欢网购。

3. 明确调研方式

用户调研是指通过调查的方式收集用户信息，常见的方式有发放调查问卷、有奖问答以及实地探访等。

- **发放调查问卷：** 该方式一般是通过设计问卷及设计特定的问题向目标用户提问，并通过线上平台发布或线下邀请用户填写问卷。问卷一般由标题、问卷说明、问题、答案组成，其中，问题一般被设计为封闭式问题和开放式问题，且以封闭式问题占多数。如果设计得当，通过调查问卷能够得到较为准确和有用的信息。例如，图2-2所示为围绕用户体验和满意度设计的调查问卷（部分）。

图 2-2

- **有奖问答**：有奖问答通常是针对某一特定主题提出问题，用户回答后有机会赢取奖品。这种方法的优点在于，能够快速收集到大量的反馈信息，但由于参与的用户可能不是目标用户，因此信息的精准性不高。
- **实地探访**：实地探访一般是通过实地考察搜集相关资料，包括文字资料、图片资料、视频资料等。探访过程中，由于可以与目标用户进行深入的交流，因此能够获得更为准确和有用的信息，但需要花费更多的时间和精力。

素质课堂

党的二十大报告提出："推进国家安全体系和能力现代化，坚决维护国家安全和社会稳定。"个人信息安全十分重要，调研用户信息时，应当树立信息安全意识，自觉尊重和保护用户隐私，不要求用户提供敏感信息，如家庭住址、身份证号等，筑牢国家安全的人民防线。

（二）构建用户画像

用户画像是用户定位的重要参考，借助用户画像，营销人员可以精准定位目标用户。用户画像作为用户属性、行为等信息的图像化或图表化表示，体现的是某类用户群体的总特征，而不是单一用户的具体特征，因而具有高度概括性。

1. 提炼用户标签

用户标签是绘制用户画像的关键。用户标签也称数据点，即利用若干个关键词来描述用户的基本特征，是对用户信息高度精炼的标志，一般用户标签越精准，对应覆盖的人数则越少。

具体操作时，可以将统计结果中的用户重要特征提炼出来，将其作为用户标签。常见的用户标签有 3 类，如表 2-1 所示。

表 2-1

标签类别		用户标签
固定属性标签 （表明用户是谁）	个人基本属性	年龄、性别、学历、身高、体重、健康状况、收入水平、婚恋状况
	生活 / 社会属性	职业 / 行业、社会角色、居住城市、出行方式、就餐方式
	兴趣偏好	偏好旅行、音乐、影视、体育、美食、书籍等
	消费偏好	价格 / 价位偏好、品牌偏好、购买决策时长、购买渠道偏好等
	行为信息	点击、浏览、收藏、点赞、评论、转发、加购、购买等
路径标签（表明用户在哪里）		常用的新媒体平台、常访问的网站、常用的购物平台、关注的新媒体账号等
场景标签（表明用户在做什么）		聚会、午休、下午茶、通勤等

2. 绘制用户画像

绘制用户画像，其实就是将多个用户标签汇聚到一起，并通过图表、图片等使其可视化呈现。简单来说，用户画像 = 固定属性标签 + 路径标签 + 场景标签。例如，某相机品牌在提炼用户标签后，使用标签绘制用户画像，如表 2-2 所示。

表 2-2

标签类别	用户标签
固定属性标签	以 25～40 岁的用户为主，生活在一、二线城市的用户占比高，月收入在 1 万元以上的用户占多数，喜欢滤镜多样且轻便的产品
路径标签	喜欢通过观看直播购买产品
场景标签	外出旅行时将产品用于记录旅途见闻

【任务实践】

实践 1——设计调查问卷

为了更好地了解目标用户的需求，健身方程式计划开展一次全面的用户调研，通过调查问卷收集和分析用户反馈，洞察目标用户的健身习惯和消费行为等关键信息，从而更准确地定位用户需求，并采取有效的措施留住用户。

1. 实践要求

能够根据调研目的设计调查问卷。

2. 实践步骤

（1）设计问卷标题。调查问卷的发起人是健身方程式，调查对象是健身方程式的目标用户，结合二者，问卷标题可以为"健身方程式目标用户情况调查"。

（2）设计问卷说明。调查目的是洞察目标用户及其需求，那么问卷说明可以为"感谢您的帮助。本次调查的目的在于了解用户及其需求，以便为您提供更加个性化的服务。耽误您宝贵的时间，再次向您致谢！"

（3）设计问题。首先，该调查问卷主要是为了洞察目标用户及其需求，问题的设计可以围绕用户的基本信息和与需求相关的信息展开，如用户性别、年龄、健身频率、健身目标等。

其次，为方便用户回答，问题可以封闭式问题为主。

（4）设计答案。就答案内容而言，不仅要与健身方程式有关，还要符合用户的实际情况；就答案数量而言，要尽可能考虑到用户的各种情况，如一个问题的答案数量可以以 4 个为基准。以下为设计的问卷问题和答案示例。

---

1. 您的年龄是（　　　）。
   A. 18 岁以下　　　B. 19～28 岁　　　C. 29～38 岁　　　D. 39 岁以上
2. 您的性别是（　　　）。
   A. 男性　　　　　　　　　　　　B. 女性
3. 您目前的健身频率是（　　　）。
   A. 每周多次（3 次以上）　　　　B. 每周一次
   C. 每月一次　　　　　　　　　　D. 几乎不健身
4. 您健身的目标是（　　　）。
   A. 塑形　　　　　　　　　　　　B. 增强体质和免疫力
   C. 提高运动表现和竞技能力　　　D. 缓解压力和改善心情
5. 您通常会选择哪种类型的健身课程？（　　　）
   A. 有氧运动（如跑步、游泳等）　B. 力量训练（如举重、拳击等）
   C. 柔韧性训练（如瑜伽、普拉提等）D. 其他
6. 您更喜欢通过哪种方式获得健身指导？（　　　）
   A. 在线健身教程和视频　　　　　B. 在线直播课程和教练指导
   C. 线下实体课程和教练指导　　　D. 其他
7. 您希望健身方程式提供哪些服务来支持您的健身目标？（　　　）
   A. 个性化的健身计划制订和跟踪进展的服务
   B. 提供健身营养知识和饮食建议的服务
   C. 提供健身相关产品和装备的购买渠道或推荐服务
   D. 提供健身社区和互动交流平台的服务
8. 如果健身方程式开展健身活动，您更愿意参加以下哪种健身活动？（　　　）
   A. 集体健身活动或比赛
   B. 在线健身挑战或打卡活动
   C. 其他

实践 2——为健身方程式定位目标用户

健身方程式通过线上和线下发布问卷的方式，邀请用户填写了问卷，经回收后获得了 150 份有效问卷，整理后的结果如表 2-3 所示。当前，健身方程式需要根据这份结果，找到目标用户，形成用户画像，并明确他们的需求，提出有针对性的改进措施。

表 2-3

项目	详细内容
用户性别	男 68 人、女 82 人
用户年龄	18 岁以下 12 人、19～28 岁 85 人、29～38 岁 25 人、39 岁以上 28 人

项目	详细内容
健身频率	每周多次 66 人、每周一次 64 人、每月一次 16 人、几乎不健身 4 人
健身目标	塑形 88 人、缓解压力和改善心情 42 人、增强体质和免疫力 13 人、提高运动表现和竞技能力 7 人
健身类型偏好	有氧运动 42 人、力量训练 38 人、柔韧性训练 70 人
健身指导偏好	在线健身教程和视频 21 人、在线直播课程和教练指导 23 人、线下实体课程和教练指导 99 人、其他 7 人
期望提供服务	个性化的健身计划制订和跟踪进展的服务 64 人、提供健身营养知识和饮食建议的服务 23 人、提供健身相关产品和装备的购买渠道或推荐服务 42 人、提供健身社区和互动交流平台的服务 21 人
健身活动偏好	集体健身活动或比赛 42 人、在线健身挑战或打卡活动 93 人、其他 15 人

1. 实践要求

（1）从用户信息中提炼出有用的用户标签，并构建目标用户画像。

（2）根据用户需求提出改进措施。

2. 实践步骤

（1）提炼用户标签。这里从每个问题中提取用户数量最多的答案。从用户性别中可以提炼出"以女性为主"，从用户年龄中可以提炼出"19～28 岁"，从健身频率中可以提炼出"每周多次"，从健身目标中可以提炼出"塑形"，从健身类型偏好中可以提炼出"柔韧性训练"，从健身指导偏好中可以提炼出"线下实体课程和教练指导"，从期望提供服务中可以提炼出"个性化的健身计划制订和跟踪进展的服务"，从健身活动偏好中可以提炼出"在线健身挑战或打卡活动"。

（2）构建用户画像。根据提炼的标签，绘制出健身方程式的用户画像，如表 2-4 所示。

表 2-4

标签类别	用户标签
固定属性标签	以 19～28 岁的女性为主，每周健身多次，以塑形为主要目标，偏好柔韧性训练，喜欢线下实体课程和通过教练获得健身指导
路径标签	期望获得个性化的健身计划制订和跟踪进展的服务
场景标签	愿意参加在线健身挑战或打卡活动

（3）提出改进措施。根据用户的健身指导偏好、期望提供服务等提出改进措施，如表 2-5 所示。

表 2-5

项目	改进措施	详细内容
健身类型偏好	提供多样化的健身课程	提供包括健身操、跳绳、瑜伽、舞蹈等多种类型的健身课程，以满足不同用户的需求
健身指导偏好	提供专业化指导	聘请经验丰富、具备专业资质的健身教练，为用户提供个性化的健身指导和建议，确保用户在安全的环境下有效地进行锻炼
期望提供服务	提供期望的服务	根据用户的身体状况、运动喜好和健身目标，为用户制订个性化的健身计划，帮助他们更快地实现健身目标
健身活动偏好	课程内容中融入挑战	定期更新课程内容和训练方案，并加入新的健身元素和挑战，让用户在锻炼中不断发现新的乐趣

任务二　内容定位

健身方程式在明确目标用户群体后，接下来将深入了解用户的健身需求和期望，找准符合这些需求的内容方向。通过精准的内容定位，更好地满足用户的期望，为他们提供更为个性化且具有吸引力的健身指导服务。

【相关知识】

（一）内容定位的原则

把握内容定位的原则有助于明确营销方向，确保输出的营销内容更符合用户需求，从而获得更好的营销效果。

1．符合品牌定位

内容定位需要根据企业的品牌定位决定，确保内容风格、内容表现形式等符合品牌调性，能够体现出品牌的特点，辅助建立有辨识度的品牌形象。例如，故宫文化官方旗舰店微信公众号的内容风格就极具古典气息，符合其品牌定位，如图 2-3 所示。

图 2-3

2．满足用户需求

内容定位需要从用户的需求（如精神需求、物质需求）出发，挖掘用户的痛点，并将其转化为文字、图片、视频等不同形式的内容，引起用户的共鸣。例如，某美食博主通过短视频分享美食制作方法，满足了用户的学习需求，受到了众多用户的喜爱。

3．符合营销目的

内容写作的方向应随营销目的的改变而改变。例如，如果以广告分成为目的，那么就要注重内容的阅读量，可结合热点、娱乐、八卦等信息来确定内容写作方向；如果以个人品牌建设为目的，那么就要注重内容的质量与专业性，以积累个人口碑；如果以销售产品为目的，那么就要注重引流和转化，要在内容中提供有价值的信息、展示产品的优势和特点等，并提供购买渠道、购买链接，提高内容转化率。

4. 贴合营销人员的能力

内容质量与营销人员的写作能力息息相关，营销人员只有具有良好的内容策划、写作和整合能力，才能创作出优质的内容，达到营销目的。营销人员在写作内容时，需要分析自身具有的优势，通过自身优势进行内容定位，保证内容写作效果。

（二）确定内容选题和风格

内容的传递一般会经历一个过程：从营销人员到新媒体平台，再到用户。一般来说，内容越符合目标用户的需求，越容易精准触达目标用户。这就要求营销人员做好内容的规划，特别是内容选题和风格的确定。

1. 确定内容选题

确定内容选题是一个确定用户内容喜好的重要过程。通过了解和掌握用户的兴趣爱好，营销人员可以创作出更符合用户需求和喜好的内容，从而提高内容的传播度和影响力。

（1）深入挖掘用户痛点

在挖掘用户痛点时，如果用户调研结果中涉及这方面的内容，可以直接根据调研结果，总结用户需求，确定用户最希望解决的问题或者最关注的问题。如果调研结果中涉及的内容较少，则可以通过"询问"用户的方式挖掘痛点。

- 号召用户投票选择。
- 发起话题讨论活动，引导用户留言。
- 在粉丝群里直接以群公告的形式询问或私聊用户等。

（2）选择选题

用户的痛点很多，且每个用户迫切希望解决的痛点可能不同，那么这时如何选择选题呢？一般来说，有趣、有益、有价值观的选题更容易引起用户的关注。

- **有趣**：有趣就是好玩，即选题能够给用户幽默、轻松的感觉。
- **有益**：选题能给用户带来价值，如知识、技巧和生活技能，甚至是直接的经济收益。
- **有价值观**：选题要体现社会责任感，传递社会主义核心价值观以及营销人员的价值观，以唤起用户的情感共鸣。

（3）测试选题

在确定选题之前，可以通过测试确定用户对选题是否感兴趣。营销人员可以挑选一批核心用户，将一些重要的选题展示给对方，与对方沟通、交流，然后由其投票选出比较感兴趣的选题，再根据这些选出的选题创作内容。

2. 确定内容风格

内容的风格同样也需要符合用户的风格偏好，并综合考虑品牌或产品的定位。一般来说，常见的内容风格主要有以下几种。

- **幽默搞笑风格**：幽默搞笑风格的内容通常使用幽默、滑稽、讽刺的语言，让用户在轻松的氛围中获得愉悦的感受。但需要把握好幽默搞笑的尺度，以免冒犯用户。
- **轻松活泼风格**：轻松活泼风格的内容通过营造一种轻松愉悦的氛围，让用户在一种放松的状态下接收营销信息。

- **严肃稳重风格：**严肃稳重风格的内容一般从第三方的角度去写，比较正式、可靠、严肃，类似于新闻类文章的风格。
- **朴实自然风格：**朴实自然风格的内容贴合日常生活，比较接地气，一般使用简单明了的语言进行描述，以传递信息、普及知识、说明问题为主。
- **文艺清新风格：**文艺清新风格的内容通常使用优美、浪漫、富有情感的语言，情感性和感染力强。

（三）内容策划与写作

内容策划与写作是内容定位中的关键步骤，是对内容的整体规划和设计，有助于营销人员深入开展内容定位。

1. 内容策划的原则

内容策划是具体的内容设计，是对"怎么写"的探索和实践。在内容策划原则的指导下，营销人员可以快速梳理出内容创作的逻辑，高效地开展后续的内容营销工作。

- **价值传递：**内容策划应该注重传递有价值的信息，同时做到深入浅出、通俗易懂，让用户能够有所收获。
- **内容垂直：**内容策划要专注于某一特定领域或主题，如美食、旅行、数码等，以提高内容的深度和专业性，为特定用户群体提供更为精准的内容。此外，持续深耕某个领域，还可以建立起在该领域的影响力，积累更多黏性强、忠诚度高的用户。
- **渠道适应：**内容策划应根据不同新媒体平台调整内容的形式和风格，以适应不同新媒体平台的平台特点和用户习惯。
- **内容原创：**内容策划应坚持原创内容，保证内容的独特性和创新性。具体可以从不同的角度出发，以独特的视角来解读问题或表达观点。

2. 写作内容标题

新媒体营销信息通过内容传递给用户，增进用户对品牌、产品或活动等的了解，这种带有明显营销性质的内容就是所谓的营销文案。一篇完整的文案通常由标题和正文构成，其中，标题是浓缩的内容精华，其吸引力影响着用户对内容的判断。一般来说，有新意、有内涵的标题更容易吸引用户。

（1）常见的标题类型

要想写出具有吸引力的标题，提高标题的点击率，营销人员需要了解常见的标题类型及其特点，以便选择合适的标题类型吸引用户的关注。

- **故事型标题：**故事型标题是一种运用故事性元素和情节来吸引用户注意的标题类型。其更注重情感和故事性的表达，能够激发用户的阅读欲望。例如，"她，从小书迷到畅销作家，一封家书改变了一切""一个普通工程师，用一项发明成就了城市的未来"就是典型的故事型标题。
- **观点型标题：**观点型标题是以表达观点为核心的一种标题，往往能吸引对该观点感兴趣的用户。为了增强说服力，标题通常会引用名人或资深／专业人士的观点。写作观点型标题时要注意：观点一定要精练、击中要害；标题可以适当长一些，确保观点表达完整；标题中的观点要与文章内容保持一致。例如，"营养师解析：保持膳食多样性比单一健康饮食更有益于身体健康""心理学家称成功的秘诀在于不断突破舒适区"。

- **揭露真相型标题：** 揭露真相型标题是指为用户揭露一些不为人知的秘密的标题。这种标题通过揭秘让用户产生强烈的求知欲，激发用户的阅读欲望。写作揭露真相型标题时应揭示一个引人注目的问题和矛盾，同时强调这个真相的重要性和价值，促使用户产生了解真相的迫切感，并运用一些醒目的关键词，如秘密、秘诀、真相、背后、爆料、绝招等，刺激用户的点击欲望。例如，"揭秘长寿村——××（地名）的秘密"。

- **警告型标题：** 警告型标题是通过一种严肃、警示的语气来说明内容，以起到提醒、警告作用的标题，常用于事物的特征、功能、作用等属性的内容写作。警告型标题可以给予具有相同症状或某种担忧的用户强烈的心理暗示，引起他们内心的共鸣。需要注意的是，警告型标题可以在一定程度上夸张，但不能扭曲事实，要在陈述某一事实的基础上，以发人深省的内容、严肃深沉的语调给用户以暗示，使其产生一种危机感，进而忍不住点击标题。例如，"不要再忽视了！这些小习惯正在不知不觉中损害你的视力！""这个习惯不仅影响你的效率，还可能损害你的身体健康！"

- **提问型标题：** 提问是一种快速激起用户求知欲的方式。提问型标题就是用提问的方式来引起用户的注意，引导他们思考问题并阅读全文一探究竟的标题。在写作提问型标题时，要从用户关心的利益点出发，这样才能引起他们的兴趣。提问的方法有很多，如反问、设问、疑问等。例如，"感觉学习效率不高？心理学家教你提升学习动力的方法！""你知道如何有效管理时间，实现高效工作吗？看看这些建议！"

- **命令型标题：** 命令型标题是一种通过命令语气向用户传达某种指令或行动要求的标题类型。这类标题通常直接呼吁用户去做某事，引导他们采取特定的行动。此外，命令型标题通常包括明显的利益点，以促使用户行动。例如，"马上订阅，每周获取精彩的旅行攻略和特价机票信息！""新品低价，就在今天，一定要锁定××抖音直播间！"

（2）标题写作技巧

掌握一些提升标题吸引力和点击率的技巧，也可以使标题的写作事半功倍。

- **使用网络流行语：** 网络流行语是指在一定的时间、范围内被网民在互联网上或者现实生活中广泛使用的词、词组等语言表达单位。其大多因某些社会热点话题或热门事件而形成，并在网友的作用下快速传播。在社交网络环境中，每年都会诞生大量的网络流行语，如"显眼包""特种兵式旅行""电子榨菜"等。营销人员可以将网络流行语巧妙地融入文案标题中，在引起用户关注的同时，还可以增加标题的趣味性和潮流感，如"特种兵式旅行！教你3天玩转四川"。

- **借力：** 借力是指利用别人（如政府、专家、艺人或新闻媒体等）的资源或平台，对自身产品或服务进行推广营销，达到快速销售产品或服务的目的，如"××都在玩的乐器，一周就能学会啦！""××电视台都在推荐的书，你还不读吗？"

- **借势：** 借势主要是借助最新的热门事件、新闻，如世界杯、奥运会、热播电视剧等，以此为标题创作源头，通过大众对社会热点的关注，引导用户对内容的关注，提高内容的点击率和转载率。例如，"刷屏的'多巴胺穿搭'是如何疗愈情绪的？""2023 高考作文题大火：AI 5 秒写出的高考作文，值不值得夸？"

- **使用修辞手法：**修辞手法可以很好地增加文案标题的吸引力和趣味性。写作文案标题时，常用的修辞手法包括比喻、拟人等。

3．写作内容正文

有吸引力的标题可以引导用户继续浏览正文，然而，如果正文的吸引力不足，仍然有可能让用户放弃阅读，影响文案转化率。因此，掌握正文的写作方法很有必要。

（1）写作正文开头

正文开头直接决定着用户对正文的第一印象。一般来说，精心设计的正文开头，可以充分吸引用户的注意力，激发其好奇心，引导其继续阅读文案。常见的正文开头写作方法如下。

- **开门见山：**开门见山指的是在正文开头直接揭示主题或点明说明的对象，不拖泥带水。这种开头方式简单明了，让用户一目了然，但内容的主题必须要有足够的吸引力，且语言要朴实简洁、通俗易懂。此外，这种开头常与标题相呼应，以再次强调文案的核心内容。例如，某介绍消费券发放信息的文案，其开头开门见山地介绍了消费券的发放时间、涉及行业，与标题相呼应。
- **借助热点：**热点即当前引起广泛关注和讨论的热门话题或事件。将热点作为正文开头，可以增强用户的阅读兴趣。借助热点写作开头时，一定要注意将热点与文案主题合理地联系起来，要从热点中找到与内容主题相关的、意想不到的关联点。例如，图 2-4 所示的正文开头就以抖音付费的热点切入，引出对短视频内容发展趋势的分析。

图 2-4

- **提出问题：**提出问题是一种常见的引起用户兴趣的开头方式，通过提出引发思考的问题吸引用户的注意，促使他们思考并继续阅读文案。需要注意的是，以提问开头需要确保问题具有启发性和引导性，同时问题的表达要简洁清晰，并且问题能够在后续内容中得到充分的解答和论证，以便用户有所收获。例如，图 2-5 所示的文案开头就以"那元宇宙究竟能为我们带来哪些新型应用场景呢？"的问题引起用户的阅读兴趣。
- **结论先行：**结论先行即直接在正文开头给出结论，再在后续内容中给出论据，证明开头的结论。这种开头的好处是可清晰地传达中心思想并引发用户的兴趣。需要注意的是，在使用这种开头方式时，后续的内容应该能够提供充分的论据和说明来支撑和证明开头给出的结论。否则，用户可能会对文案的可靠性产生怀疑。

图2-5

- **以故事引入**：正文开头以故事引入，可以让用户代入某种情景，引发用户的联想，激发用户的阅读兴趣。故事可以是富有哲理或教育意义的寓言故事，或者其他有助于表现主旨的传说故事、真实故事或虚拟故事，用于引出文案主旨。在文案开头讲故事，关键是为故事增加细节。具体来说，故事中可以加入时间、天气、地点、人物、事件、心理活动、动作等的描写。例如，某咖啡品牌的文案开头是"在一个寒冷的冬日，街角的咖啡馆弥漫着浓浓的咖啡香味。人们手中捧着咖啡，凝视着窗外飘落的雪花，仿佛在寻找着什么。在这样的时刻，一个陌生人走进了咖啡馆，他的眼神里透露出一种期待，仿佛等待着一场奇迹的发生"，其就把故事的时间、地点、环境、人物的神情等描写得十分生动，让用户更好地代入故事情景，激发用户的阅读欲望。
- **描述痛点**：痛点是指长期或反复出现、经常给用户带来不便的问题。在文案开头描述痛点，可以引发用户的强烈共鸣，吸引其继续阅读文案。这种开头方式要求文案人员从用户的角度出发，用生动、有画面感的语言描述用户对某一种问题的负面感受，并强调这些问题给他们带来的影响（如产生负面情绪、浪费时间、遭受经济损失等）。例如，一篇营销免手洗拖把的文案，其开头就形象描述了擦地的麻烦，让经常擦地的用户感同身受，进而想要继续阅读文案找到解决办法。
- **灵活引用**：引用名人名言、谚语、诗词、俗语或者某个行业的调查数据、分析报告、趋势研究等资料，并将其与文案主题相融合，丰富文案的内涵，增强文案的可信度和说服力。这种正文开头既能吸引用户，又能提高文案的可读性。例如，图2-6所示的文案就以用户常说的话开篇，引出人们对品牌涨价事件的看法。

（2）写作正文结尾

　　出色的标题和正文开头能够增强用户完整阅读文案正文的意愿，同时一个好的结尾也能为文案增色，提升内容的吸引力。

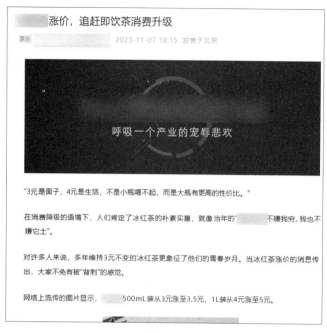

图 2-6

- **首尾呼应式结尾:** 首尾呼应式结尾法即将文案开头和结尾对应起来,在正文开头提出某个观点,那么在结尾时再次解释、总结或强调。这种方法既可以让文案结构更完整,逻辑更严谨,主题更突出;又可以强化阅读体验,将用户注意力再次转移到主题上,加深用户对文案的印象。例如,大猫发布的一则名为《一条全是结尾的广告》的短视频,短视频结尾的文案为"这个6·18的最后一件,给值得关心,但差点忘记关心的人。一个你不留遗憾的天猫6·18,才是这个6·18最好的结尾",与开头的文案"天猫6·18,真的快结束了。如果再买最后一件,你想买给谁呢?"相呼应,强化了主题。

- **请求号召式结尾:** 请求号召式结尾在前文铺垫的基础上,最后向用户提出请求,或者发出某种号召,促使他们做出某种行动,如关注账号、购买产品、在评论区留言互动、实践前文所讲的道理等。写作请求号召式结尾时可以多使用没有主语的祈使句,句式要短,多用动词,以增加文案的力量感;言语间表现出的态度要坚定;行动号召的内容要具体、明确,包含清晰、具体、明确的行动指令。要成功地号召用户行动,可以强调行动的好处,如享受优惠或提升技能等,并适当制造紧迫感,促使用户尽快采取行动。例如,图2-7所示的文案就采用请求号召式结尾,邀请用户点击进入MAKA和购买会员,并号召用户参与话题互动。

- **总结式结尾:** 总结式结尾即通过前文的阐述和分析,在最后用极简洁的语言对全文进行归纳总结,得出一个高度凝练、有启发性的结论,起到深化文案主题的作用。例如,快手在12周年庆发布了一则短视频《生活一直向前》,内容为6位快手创作者对生活的理解,结尾用"生活是什么?是一步步往前走,跨过一条条坎,闯过一道道关;是成千上万人的温暖,化成了一颗颗执着坚毅的心。一起笑着闹着,去生活里找生活。快手12周年,生活一直向前"总结全文,点出"生活就是一直向前"的主题,加深了用户对文案和品牌的印象。

图2-7

- **抒情式结尾：** 抒情式结尾通过情感化的表达来强调文案的观点和情感态度，它在总结文章内容的同时，通过情感的渲染和情绪的激发，来引起用户的共鸣。此外，它在抒情的同时，还可以向用户提出问题，发出呼吁，激发用户的思考和引导其行动。例如，某手机品牌的营销文案为"我们看到太阳发出的光需要8分钟；看到海王星反射出的光需要4个小时，看到银河系边缘的光至少需要2.4万年；而我们看到宇宙中离我们最远的那颗星星发出的光需要139亿年。所有的光芒，都需要时间才能被看到"，其结尾句"所有的光芒，都需要时间才能被看到"抒发了一种积极、激励的情感，其不仅鼓励人们要有耐心和信心，还传达了一种乐观、坚定的人生态度。

【任务实践】为健身方程式做好内容定位

针对用户的需求提出有针对性的改进措施后，健身方程式不断收获好评。然而，新的问题又出现了——不少用户的健身热情只能持续一段时间，难以长期坚持，而这类用户通常是个人训练的。与之相反，有同伴陪同运动的用户坚持到店打卡的时间更为持久。为此，健身方程式推出团课，帮助用户寻找健身伙伴，互相监督、互相鼓励，提高健身积极性。当前，健身方程式需要围绕团课做好内容定位，并完成内容策划。

1. 实践要求

（1）挖掘出用户的痛点，并以此明确内容选题和风格。

（2）根据明确的内容方向策划内容标题、正文。

2. 实践步骤

（1）深挖用户痛点。从用户当前存在的问题可知，其痛点为难以坚持运动。

（2）确定内容选题。本次内容的重点是团课，而团课是解决用户难以坚持运动的方法，可以为用户提供健身伙伴。因此，可以基于这一点建立二者之间的联系，将选题确定为"有健身伙伴后，再也不怕坚持不下来了"。

（3）确定内容风格。从用户定位来看，健身方程式的用户都是比较年轻的用户，为避免用户感到无趣，不宜选择严肃稳重的风格，且不少用户参与健身本身就是为了放松，因此，可以将内容风格定位为轻松活泼，为用户营造轻松愉悦的氛围。

（4）设计内容标题。就标题类型而言，可以结合选题，以提问的方式吸引那些没有健身伙伴、无法坚持运动的用户，如"坚持不下去？有健身伙伴的快乐，谁懂？"

（5）设计内容正文开头。在标题中已经指出用户存在的问题和解决方法，正文开头就可以开门见山地阐述用户存在的问题，如"有件事相信不用方程式展开说，你也深有体会：坚持运动，真的好难啊！"

（6）设计内容正文主体。内容正文主体要与开头紧密联系，可以先讲述基于问题产生的现象，然后总结造成这一问题的原因，通过原因联想到解决办法——找健身伙伴，再讲述找到好的健身伙伴的好处及标准，然后引出寻找健身伙伴的途径——团课。具体内容如下所示。

你们以为方程式积极向上、天天锻炼，其实不是，你们有的问题，方程式也有。都是自己人，方程式就不藏着掖着了，把这些藏在犄角旮旯的东西翻了出来。

收藏一大堆健身教程，结果练了不到一星期，就躺在收藏夹里"吃灰"。

办了健身卡后斗志满满，发誓要周周去，结果几乎没去过。

下定决心好好运动，制订了一系列健身计划，一顿操作猛如虎，结果身体稳如泰山。

一番反思后，方程式突然意识到，或许自己缺少的不是意志力，不是时间，而是一个好的健身伙伴。

别不信，一个好的健身伙伴的作用大着呢！

1. 有健身伙伴的好处

① 互相监督，跟放弃说"No"

起床太困难、上班太累、今天心情不好……这些理由你是不是都用过？一时放弃一时爽，然后就有了一直放弃的理由。但是，一旦有了健身伙伴，一切就变得没有那么容易了。

你们会互相监督，成为彼此放弃路上的"绊脚石"；会相伴上健身课，互相鼓励、加油打气，为对方提供坚持下去的动力。如果想要放弃，就不是一个人的事情了，还要问问对方同不同意。想想，你好意思问出口吗？

② 正向反馈，提升健身幸福感

健身伙伴不仅会鼓励你，还会帮助你观察动作、改善细节，提高健身质量和优化健身效果；还可以互相分享快乐、拍摄健身运动照片。这些正向的互动行为，会使得彼此心情愉悦，产生浓浓的幸福感。

2. 满分健身伙伴的标准

健身伙伴可不能随便找。一个合格的健身伙伴，至少要具备一些基本素养：对运动感兴趣，有毅力、能坚持，重承诺不爽约，热爱学习，具备一些科学健身的知识。

3. 健身伙伴哪里找：团课

说了这么多，好的健身伙伴在哪里找呢？如果自己找不到，可以试试我们的团课。团课把有共同目标和健身爱好的人聚集在一起,大家一起在课上享受运动的快乐。在团课上,你不仅可以遇到志趣相投的健身伙伴,还可以享受到专业的健身指导。

(7)设计内容正文结尾。结合营销目的,可以将结尾设计为请求号召式结尾,引导用户购买团课,如"如果你正有此意,快快联系客服人员,报名团课吧!"

【综合实训】为酸辣粉品牌重新规划定位

1. 实训背景

薯都是一个酸辣粉品牌,不仅开设有线下门店,还有线上微信公众号。薯都的酸辣粉的卖点是手工制作、现打现吃,其定价最低为15元(小份),相比其他店铺的酸辣粉(非手工)贵3～4元。其线下门店所在商圈的上班人士月薪多在4 000～5 000元,追求味美价廉、上餐速度快,喜欢浏览各种轻松有趣、贴近实际生活的图文、短视频等。薯都微信公众号发布的推文内容的侧重点为品牌故事,以及产品卖点,内容干瘪无趣。开业优惠活动一结束,薯都到店用餐的用户数量就呈断崖式下降,微信公众号发布的内容的浏览量也较低。为扭转局面,薯都需要重新规划用户定位和内容定位。

2. 实训要求

重新确定薯都的用户定位和内容定位,定位要符合所在商圈上班人士的特征。

3. 实训思路

(1)分析市场。从门店所处商圈的产品定价来进行分析,如酸辣粉类产品的定价普遍为11～12元。

(2)分析商圈用户。从用户的月薪、产品偏好和内容偏好3个方面进行分析,进而明确店铺所在商圈的目标用户。

(3)分析薯都当前存在的问题。将产品定价与市场定价进行比较、原目标用户与商圈用户进行比较、微信公众号原内容风格与商圈用户的内容偏好进行比较,进而明确问题,如产品定价过高。

(4)重新定位品牌目标用户。结合商圈用户的特点和薯都的产品卖点,从中提取关键信息,构建品牌用户画像。

(5)调整内容定位。根据用户的内容偏好以及薯都微信公众号发布内容存在的问题,重新确定微信公众号内容的选题、内容风格,如选题可以为"用户带来的暖心时刻"。

【思考与练习】

一、填空题

1. _____的本质是从用户的角度来思考问题。

2. 写作提问型标题时,要从_____出发。

3. _____是指在前文铺垫的基础上,最后向用户提出请求,或者发出某种号召,促使他们做出某种行动。

4. 用户信息主要分为两类：_____和_____。

5. _____ 一般是通过设计问卷及设计特定的问题向目标用户提问，并通过线上平台发布或线下邀请用户填写问卷。

6. _____是用户属性、行为等信息的图像化或图表化表示。

7. 用户标签主要有3类：_____、_____、_____。

8. 确定内容选题是一个_____的重要过程。

二、选择题

1.【单选】某博主为了解用户对自身的看法，在当地市中心路采。该博主采取的调研方式是（　　）。

　　A. 实地探访　　　B. 有奖问答　　　C. 发放调查问卷　D. 线下采访

2.【单选】以下关于用户定位的说法正确的是（　　）。

　　A. 用户定位是解决用户的问题

　　B. 用户定位需要建立在用户信息的基础上

　　C. 用户画像就是用户定位

　　D. 用户定位是用户标签的集合

3.【单选】以下关于内容定位的解读正确的是（　　）。

　　A. 内容风格与竞争对手同一　　　B. 输出可时断时续

　　C. 以用户定位为前提　　　　　　D. 只要创新即可

4.【多选】以下属于用户属性信息的有（　　）。

　　A. 性别　　　　　B. 年龄　　　　　C. 所在城市　　　D. 收入水平

5.【多选】以下关于内容选题的说法正确的有（　　）。

　　A. 选题应体现用户痛点　　　　　B. 选题应对用户有益

　　C. 可让用户投票选择感兴趣的选题　D. 选题是内容定位的反映

三、简答题

1. 简述用户定位的流程。

2. 简述构建用户画像的方法。

3. 简述内容定位的原则。

4. 简述内容选题的确定方法。

5. 简述内容标题、正文的写作方法和技巧。

四、操作题

1. 假设你是美团的营销人员，现美团决定对业务进行升级，以优化用户体验。请根据美团的情况，设计一份用户调查问卷，询问用户对此事件的看法以及希望得到优化的业务。

2. 在网上搜集关于小红书的资料，分析它的目标用户和功能设置，完成以下操作。

（1）通过用户标签，为其构建用户画像。

（2）分析并总结小红书上受欢迎的内容选题，以及常见的内容风格。

项目三
微信营销

【学习目标】

➤ 了解微信营销的特点和作用。
➤ 掌握微信个人号、公众号营销的方法。
➤ 掌握微信小程序、视频号营销的方法。

【素养目标】

➤ 培养严谨的工作作风和一丝不苟的工作态度。
➤ 强化使用工具意识，深入挖掘平台潜力，用好、用对平台。

【情景导入】

小馆咖啡作为一个有着深厚线下经营经验的咖啡品牌，以其独特的咖啡口感和温馨的环境赢得了大量忠实用户。最近，小馆咖啡观察到许多知名咖啡品牌都在做微信营销，这让其发现了新的营销方向。

小馆咖啡为了拓展其市场，也决定在微信平台上开展营销，利用微信更广泛地传播品牌和产品，更好地与目标用户建立联系，提高品牌的知名度和美誉度，促进产品的销售。

任务一　认识微信营销

小馆咖啡刚刚涉足微信营销领域，对该领域还不太了解，因此需要深入研究和探索，制定适合自身发展情况的营销策略。

【相关知识】

（一）微信的平台和用户特点

微信营销是基于微信这一新媒体平台展开的营销活动。微信作为当前主流的社交软件，拥有庞大的用户群体，这也为微信营销提供了良好的用户基础。

---

① 本书中，若无特别说明，个人号指微信个人号，公众号指微信公众号，视频号指微信视频号。

1．平台特点

微信作为一个综合性社交媒体平台，其独特的熟人网络、多样化的信息形式、强大的社交功能和宽广的适用范围等使其成为用户日常生活中使用率极高的沟通工具，这也为新媒体营销提供了便利。

- **独特的熟人网络**：微信基于手机通讯录的好友关系，建立了紧密的熟人网络，很多内容都是基于好友之间的信任传播的，具有熟人交际的特点，为品牌开展口碑营销提供了可能。
- **多样化的信息形式**：微信支持发布文字、图片、视频、直播等多种形式的内容，不仅可以满足用户交际、娱乐、购物、出行、知识教育、生活服务等多样化的消费需求，还可以满足产品推广、活动开展、品牌文化输出等不同营销需求。
- **强大的社交功能**：微信具有丰富的社交功能，如与好友私聊、在微信群中与好友互动交流、在朋友圈点赞评论好友发布的内容等，方便企业和用户在线交流互动，为企业开展营销提供了多种途径。
- **宽广的适用范围**：微信提供了公众号、个人号、企业微信等多种账号类型，从传统行业到新兴产业的各类企业均可使用，是一款面向所有企业的普适性产品。

2．用户特点

微信用户是平台的核心和灵魂，其性别、年龄、内容喜好等影响着其行为和需求。了解微信的用户特点，可以帮助企业更好地了解用户需求和行为，从而制定更加精准和有效的营销策略，优化营销效果和提高用户满意度，更好地开展平台营销。

- **性别和年龄**：据《2023 企业新媒体矩阵营销洞察报告》统计，微信用户的男女占比和年龄分布均比较均衡，男性用户占比为 53.4%，女性用户占比为 46.6%，24 岁以下、24 ～ 30 岁、31 ～ 35 岁、36 ～ 40 岁、41 岁及以上的用户占比均在 20% 左右，其中 24 岁以下、24 ～ 30 岁的用户占比超过 20%。
- **内容喜好**：微信提供较多生活化、专业化的内容，覆盖资讯、情感、教育等多个内容领域。据《微信创作者营销价值与营销策略白皮书》统计，资讯类、教育类、情感类、影视娱乐类等大众消费内容，以及母婴育儿类、职场类、互联网类等专业内容较受用户欢迎。

（二）微信营销的特点和作用

基于微信的独特性，微信营销具有其他网络营销无可比拟的特点，且在营销中的作用越来越突出。

1．微信营销的特点

微信营销更加注重与用户之间的紧密联系，具有其独特的运作方式，能够为企业提供全新的营销思路和方式。

- **点对点精准营销**：微信营销不仅营销对象精准（如微信好友、微信群的成员、关注微信公众号的粉丝等一般都是目标用户），而且可以直接将相关产品或服务与用户需求精准对接。例如，借助微信公众号科普养宠物的知识，满足用户的相关需求。

- **营销形式多样**：微信营销的形式非常多样，如微信公众号、微信朋友圈、微信群、微信小程序等，如表 3-1 所示。营销人员可以根据不同的营销目标进行灵活搭配和组合。

表 3-1

营销形式	功能介绍
微信公众号	微信公众号是微信的基础功能之一，支持发布篇幅较长的文案。营销人员可以在企业或品牌的微信公众号上发布有价值的内容，提高用户黏性和转化率。同时，营销人员可以通过回复用户评论与之互动，建立品牌形象和用户信任
微信朋友圈	微信朋友圈支持发布文字、图片等。营销人员可以通过微信朋友圈广告向目标用户推送品牌宣传、促销活动等信息，并通过点赞、评论等与用户交流互动，提高用户的忠诚度
微信群	微信群中既可以实现一对一的互动，也可以实现一对多的互动。营销人员可以在微信群中发布需要大范围传播的内容，如品牌活动、产品上新等，引导用户自发传播和分享
微信小程序	微信小程序是一种轻量级的应用程序。营销人员可以通过小程序为用户提供便捷的服务，如在线购物、订餐、预约等，提高用户的体验度和忠诚度

- **强关系机遇**：微信的熟人网络和强大的社交功能，为营销提供了更多的机会。营销人员可以通过与用户进行深度互动，如问答、抽奖等活动，将普通的关系发展为强关系，增加用户对企业的信任，让用户成为忠实用户，为营销提供更多的可能。

2. 微信营销的作用

微信营销在企业的营销中发挥着至关重要的作用，包括降低品牌营销成本、加强客户关系管理、宣传口碑等。

- **降低品牌营销成本**：微信营销可以通过用户的自发分享和传播，为品牌带来更多的用户，实现一到多的用户裂变，降低获取用户的成本。同时，微信中相同的推文可以反复推送，降低创作成本。
- **加强客户关系管理**：微信营销可以通过微信公众号、小程序等提供在线客服和自助服务，及时解决客户的问题，满足客户的需求，提高客户满意度。同时，微信营销可以通过建立微信社群聚集客户，并通过高质量的产品和服务等提高客户的忠诚度，建立良好的客户关系。
- **宣传口碑**：微信营销具有强大的传播力，如一条有价值的推文可能经由微信朋友圈快速传播给成千上万的用户，实现"爆炸式"的传播。又如，微信群中支持群发，可以快速将营销内容发送给多位用户，实现内容的广泛传播，提高用户对品牌的认知度，提升品牌形象。

【任务实践】

实践 1——分析同类咖啡品牌的微信营销情况

小馆咖啡计划先通过微信营销新品咖啡，以吸引更多的用户并增加销售额。在制定有效的营销策略之前，其先调查了同类咖啡品牌开展微信营销的情况，以作参考。

1．实践要求

（1）了解微信营销的特点和价值，能够分析同类咖啡品牌采用的微信营销方式。

（2）结合分析结果和自身情况，明确自身的营销重点。

2．实践步骤

（1）在微信中搜索与咖啡相关的账号，从中选择 3 个主流的咖啡品牌，了解其采取的主要营销方式以及不同营销方式的账号设置。

（2）分析每个品牌采取不同营销方式发布的内容。

（3）分析每个品牌利用不同营销方式采取的具体营销手段。

（4）汇总分析信息，总结每个咖啡品牌的营销情况，并以表格的形式呈现，如表 3-2 所示。

表 3-2

咖啡品牌	主要营销方式	账号设置	营销内容	营销手段
A	个人号营销	昵称：品牌名称＋个人昵称 头像：个人照片	产品最新信息、售后服务	在朋友圈发布营销内容；引导用户加入微信群，在微信群发布营销内容
	公众号营销	名称：品牌名称 头像：品牌 Logo	最新的品牌和产品信息、活动信息、优惠福利	发布推文、开展微信公众号活动
	视频号营销		与产品、品牌相关的趣味短视频，直播	发布短视频、视频号入口接入微信公众号
	小程序营销		产品、会员福利	小程序入口接入微信搜索、置入微信公众号推文
B	公众号营销	名称：品牌名称＋国别 头像：品牌 Logo	最新的品牌和产品信息	发布以图片为主的推文、开展微信公众号活动
	视频号营销		直播、发布产品短视频广告	发布短视频、视频号入口接入微信公众号
	小程序营销	名称：品牌名称 头像：品牌 Logo	产品、会员权益	小程序入口接入微信搜索、置入微信公众号推文
C	公众号营销	名称：品牌名称 头像：品牌 Logo	最新的品牌和产品信息	发布以图片为主的推文、开展微信公众号活动
	视频号营销		产品、品牌宣传片	发布短视频、视频号入口接入微信公众号
	小程序营销		产品	小程序入口接入微信搜索、公众号主页菜单栏，置入微信公众号推文

（5）结合小馆咖啡自身的情况，总结可以借鉴的经验。综合来看，各品牌多种营销方式并举，主要是公众号营销＋视频号营销＋小程序营销，个别品牌还涉及微信个人号营销，且针对不同的营销方式发布了不同的营销内容，采取了有针对性的营销手段。小馆咖啡可以综合使用这些营销方式，但由于其微信营销刚刚起步，对短视频的制作、小程序的开发不太了解，因此，可以先把营销重点放在个人号和公众号营销上。

实践 2——制定小馆咖啡的微信营销策略

根据分析结果，小馆咖啡决定采用个人号和公众号进行营销，其中个人号营销细分为微信朋友圈营销、微信群营销，多项并举，共同推广新品咖啡。在此之前，小馆咖啡需要制定具有针对性的微信营销策略。

1．实践要求

熟悉不同的微信营销形式，能够根据营销需求制定对应的营销策略。

2．实践步骤

（1）确定微信朋友圈营销策略。微信朋友圈支持发布文字、图片、短视频等，也支持点赞、评论、转发。基于这些功能，小馆咖啡可以在微信朋友圈发布关于新品咖啡的文字、图片和短视频等内容，并引导好友点赞、评论和转发。

（2）确定微信群营销策略。小馆咖啡需要借助个人号创建与品牌或咖啡相关的微信群。由于其拥有广泛的线下门店，因此可以根据门店的位置来设置微信群，如"××省××市××（地区）小馆1群"，也可以根据品牌与用户的连接点——咖啡来设置微信群，如"精品咖啡爱好者""咖啡生活"等。然后，小馆咖啡在群内发布新品咖啡的相关内容和活动信息，并与群成员积极互动交流，提高新品咖啡的曝光度和认可度。

（3）确定微信公众号营销策略。微信公众号支持发布篇幅较长的推文，且能与小程序互联。因此，小馆咖啡可以通过微信公众号发布关于新品咖啡的推文，并添加相关链接或二维码（如果后期要设置小程序），方便用户直接购买。同时，还可以通过微信公众号发布优惠活动和折扣信息，吸引更多的用户购买新品咖啡。

任务二　微信个人号和公众号营销

小馆咖啡的营销策略初步制定完成，接下来，小馆咖啡需要巧妙地运用微信个人号和公众号来优化营销效果，提高用户满意度。

【相关知识】

（一）微信个人号营销

微信个人号是指个人微信账号，其营销基于个人的人际关系展开，利用好友间的口碑传播达成推广。个人号具有多种功能，如朋友圈、扫一扫，根据不同的需求和场景灵活运用这些功能来开展营销活动，可以提高微信营销的影响力。

1．打造个人号形象

打造一个专业的个人号形象，是优化营销效果的关键。首先，需要明确个人号的定位和目标用户，即明确个人号是用来做什么的，个人号主要向谁传播信息或解决谁的问题。然后，以此为基础来打造个人号形象，设置个人号的昵称、头像等。

- **昵称：**昵称的设置要简单明确，且突出个人号的定位，以快速建立第一印象，节约沟通成本。例如，某美食点评家的个人号定位是分享美食评价，其采用了"实名＋个人特征"的结构设置昵称为"林安 - 美食点评家"。

- **头像**：头像也是个人号形象的体现。以商业信息传播为主的个人号一般以个人照片、产品特色标志或者企业 Logo 等作为头像。

2. 利用微信朋友圈营销

朋友圈是微信的基础功能，支持用户分享日常生活、见闻和感悟。在进行个人号营销时，可以精心策划朋友圈的内容，通过发布有趣、有价值的内容来吸引用户的关注。同时，还可以通过回复评论和问题，增强与用户的互动和沟通。

- **内容发布**：朋友圈中的营销内容主要有两类，一是品牌或产品宣传的内容，二是品牌活动内容。对于前者的发布，需要掌握一定的技巧，以免引起用户的反感。例如，将品牌或产品信息融入生活，通过分享生活趣事、感悟，对品牌或产品进行营销；根据用户的需求和偏好将用户分组，然后将内容发布给对应组别的用户。对于后者的发布，可以在介绍活动内容时增添引导转发、点赞等行动的内容，以提高活动的参与度和曝光度。

- **与用户互动**：评论、点赞是微信朋友圈中常见的互动方式，在加深与用户的联系方面有积极作用。但需注意，评论用词应尽量真实、有趣。

3. 利用"扫一扫"营销

"扫一扫"主要通过扫描二维码，实现添加好友、关注微信公众号、付款等功能。开展微信个人号营销时，可以将个人号的二维码嵌入宣传海报、视频、文案中，引导用户扫描二维码，添加个人号为好友，以一对一聊天的方式，或通过微信朋友圈发布营销信息。同时，还可以在门店等场地设置扫码区域，引导用户扫码添加个人号，从而提高个人号的影响力。

（二）微信公众号营销

微信公众号营销是广受欢迎的营销方式。营销人员利用微信公众号开展营销，需要注重方法和策略，以提高微信公众号的曝光度和转化率，促进品牌的发展和商业价值的提升。

1. 确定微信公众号定位

微信公众号的风格是什么？要解决什么问题？提供什么服务？如何提供服务？只有明确了这些问题，才能更好地开展营销。

- **风格确定**：这里的风格包括微信公众号账号风格和内容风格，例如是清新、婉约的，还是时尚、商务的等。其中，账号风格主要通过微信公众号名称、头像、简介等体现出来，内容风格主要通过发布的推文的语言风格体现出来。一般来说，风格的确定需要联系品牌形象，如果品牌的形象是年轻时尚的，那么微信公众号的风格也应当是年轻时尚的。

- **问题确定**：根据目标用户的需求以及企业的产品或服务来确定，如某鲜花店主要面向喜欢鲜花的本地用户，其微信公众号主要解决本地用户无法实现"足不出户，鲜花送到家"的问题。

- **服务确定**：根据问题进一步明确解决方法，并将解决方法转化为可以提供的服务，以及服务得以实现的方式。例如，鲜花店铺的微信公众号为解决问题，提供鲜花信息速达、在线订购、送货上门服务，并通过微信公众号推文发布鲜花信息，同时通过在小程序搭建商城、在微信公众号菜单栏设置服务子菜单的方式展示服务内容，为用户提供服务入口。

2. 利用好微信公众号的功能和服务

微信公众号提供了多种功能和服务，如自定义菜单、自动回复、合集标签等。用户可以通过自定义菜单快速找到所需信息或服务，同时也可以通过自动回复和合集标签快速获取想要的信息。

（1）自定义菜单

微信公众号的自定义菜单位于聊天页面底部，可以直接链接公众号推文、网页和小程序等。自定义菜单一般根据微信公众号的定位和其提供的服务来设置，常见的菜单设置如表 3-3 所示。

表 3-3

菜单类别	对应内容	常用菜单名称
活动展示	主要用于向用户介绍近期活动	参观预约、最新福利
合作联系	主要用于展示广告合作、转载授权、商务合作等的联系方式	联系我们、服务中心
推文推荐	主要用于推荐有价值的、比较经典的推文	往期精选、热文导读、热门专题
商城入口	适用于做电商的个人或企业，可直接链接到官方商城小程序或微店页面	××（品牌名）商城、官方商城
社群入口	主要用于吸引用户进入官方社群，为社群积累用户	加入社群、××（品牌名）福利

（2）自动回复

自动回复包括被关注回复、收到消息回复和关键词回复。设置自动回复后，用户发送指定的信息，微信公众号将自动发送设定的内容，优化用户体验。其中，被关注回复是指用户关注微信公众号时的回复；收到消息回复是指用户发送聊天信息时的回复；关键词回复是指用户发送包含特定关键词的聊天信息时的回复。

设置自动回复的方法为：登录微信公众平台，在首页左侧的菜单栏中选择"自动回复"选项；打开"被关注回复"选项卡，在其中选择回复方式（如文字、图片等），然后设置回复内容，如图 3-1 所示；最后单击"保存"按钮完成设置。

图 3-1

（3）合集标签

使用合集标签功能，微信公众号可以在合集内添加相同主题的内容，方便用户连续浏览。该功能支持创建图文、视频和音频类型合集。登录微信公众平台，在首页左侧的菜单栏中选择"合集标签"选项，在打开的页面中单击"创建合集"下拉按钮，在打开的列表中选择合集类型（如图文合集、视频合集等），打开合集创建页面，设置合集信息，如图3-2所示。

图 3-2

3. 推文内容设计

微信公众号的推文内容主要有新品推广、福利活动、品牌故事、经验分享和干货分享等。不管是哪种类型的推文，都应该具有针对性和价值，让用户明确推文的主题，引起用户的阅读兴趣。

（1）标题设计

标题是微信公众号推文主题的简要呈现，决定着用户对推文的第一印象，因此标题的设计要具有新意，可以结合表3-4所示的一些技巧进行设计。

表 3-4

设计技巧	作用	示例
添加标点	增强标题的感染力	猫咪用尾巴拍打地面，是高兴还是生气？
添加数字	增加标题的可信度、辨识度	惊艳亮相上海广告节，×××一举斩获六大奖项
增强语气	提高标题的吸引力	你每天睡的床竟然这么脏
加入与热点相关的关键词	提高用户对推文的关注度	亚运共此时！杭州亚运先导片上线

在设计文章标题时，部分营销人员为了吸引眼球，会不惜在标题中制造冲突性话题，但文章标题与文章正文几乎毫无关联，成为所谓的"标题党"。长此以往，会给品牌造成负面影响。因此，应使用与文章正文相关、简洁明了、客观中立的标题，以免给用户带来不必要的困扰和误解。

（2）正文设计

正文是推文的核心，其质量决定着用户的印象，而营销信息植入的恰当与否也影响着营销效果的好坏。因此，在设计微信公众号推文的正文时，需要重点考虑两个方面的内容，一是正文的语言组织，二是广告的植入。

- **正文的语言组织**：正文应当逻辑清楚、能够自圆其说。因此，首先要为正文搭建严密的逻辑框架，常见的逻辑框架有总分（总）结构、递进结构、并列结构等，分别如图 3-3、图 3-4、图 3-5 所示。然后根据框架填充内容，在填充内容时尽量使用通俗易懂的句子，以便用户理解。

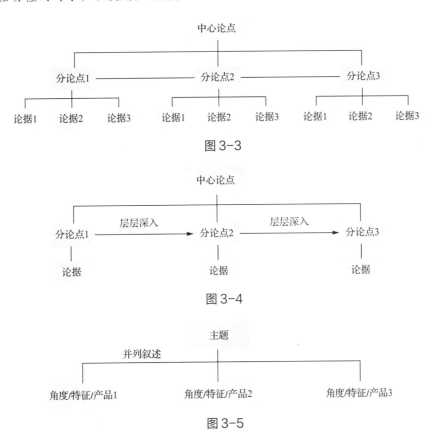

图 3-3

图 3-4

图 3-5

- **广告的植入**：写作微信公众号推文的目的是为营销的产品或服务做广告，提高其知名度，促进其销售。然而，用户通常会对直白的广告有抵触和排斥的情绪，为了避免用户的反感，广告的植入一定要合理恰当，具体可以参考图 3-6。

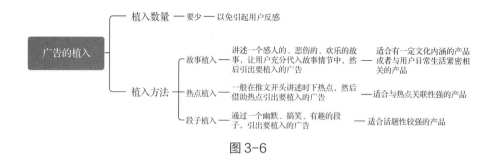

图 3-6

4. 选择合适的推广时机

微信公众号的定位不同, 推送文章的时间也会不同。一般来说, 励志类的微信公众号可以在 8:00 前推送文章, 趣味类的微信公众号可以在 19:00 后推送文章, 消费类的微信公众号可以在晚上推送文章, 情感类的微信公众号可以在 22:00 后发布推文。

5. 开展微信公众号活动

开展微信公众号活动(活动推广)是一个快速增加粉丝数量、与用户互动的有效途径。企业除了可以自己举办活动外, 还可以与其他微信公众号、媒体或企业合作, 共同举办活动, 以实现资源的共享和效益的最大化。常见的活动形式如下。

- **分享有礼活动**: 该活动主要用于裂变 "涨粉", 通过设置奖品和福利吸引用户参与, 利用裂变工具制作裂变海报, 用户分享并邀请多个好友关注就可以获得奖品。这种活动形式可以快速有效地增加粉丝的数量, 同时也可以提高微信公众号的曝光量和关注度。
- **话题讨论活动**: 话题讨论活动一般是根据时下热点, 设置一个话题, 引导用户就这一话题进行讨论, 讨论的内容一般会显示在文章的评论区。这种活动可以增加用户的参与度和黏性。
- **答题猜谜活动**: 该活动主要通过文字、图片、视频等设置问题或谜题, 让用户就问题或谜题进行回答, 并将答案发送到微信公众号后台或展示在评论区。开展这类活动时, 问题或谜题要尽量简单, 以降低用户的参与门槛。
- **比赛活动**: 比赛活动的形式较为简单, 一般根据某一主题举行活动并设立奖品, 吸引用户报名参加。评选方式为其他用户投票或评委评分等, 最终根据比赛成绩决定中奖者。这种活动具有竞争性, 有利于引起用户的参与兴趣。
- **有奖征集活动**: 该活动一般给定征集内容的主题, 用户需要围绕主题创作或拍摄等, 然后提交创作或拍摄的作品; 优秀的作品会得到公开展示和推广的机会, 同时, 优秀的创作者还会获得一定的奖励。

【任务实践】

实践 1——为小馆咖啡设置微信个人号

在正式营销时, 小馆咖啡决定先采用微信朋友圈营销, 因此需要先设置一个个人号, 通过朋友圈宣传咖啡产品、发布优惠信息、增强与用户的互动。

1. 实践要求

根据营销需求，进行个人号的精准定位与设置。

2. 实践步骤

（1）打造个人号形象。根据咖啡品牌的营销需求，个人号昵称的设置可以是品牌名称＋个人昵称，头像可以选择个人照片或品牌 Logo，在突出品牌的同时也保留个人的特征。因此，小馆咖啡可以将个人号昵称设置为"小馆咖啡关关"，头像使用品牌 Logo（配套资源：\项目三\素材\小馆咖啡 Logo.png）。

（2）设置个人号。进入微信主页面，点击"我"选项，打开"个人信息"页面，根据设置思路完成个人号昵称、头像的设置，效果如图 3-7 所示。

图 3-7

实践 2——在微信朋友圈营销新品咖啡

小馆咖啡研发的新品为浓郁的巧克力风味的咖啡，名为巧克力雪顶咖啡，适合口味偏甜、喜欢巧克力的人。该新品将在 10 月 27 日上市，价格为 19.9 元 / 杯，上新当天第 2 杯半价。现需要在微信朋友圈营销该产品，吸引更多的用户到线下门店购买。

微课：在微信
朋友圈营销
新品咖啡

1. 实践要求

（1）通过微信朋友圈将新品信息推送给合适的好友。

（2）结合朋友圈内容的设计方法，体现产品的优惠信息。

2. 实践步骤

（1）用户分组。在微信通讯录页面点击"标签"选项，在打开的页面中新建分组，按照用户的口味偏好将用户分组，如喜欢原味、口味偏甜等。

（2）设计朋友圈营销内容。结合新品的上市时间（天气偏冷）以及福利（第 2 杯半价），可以将营销内容设计为："天气渐凉，喝'巧克力雪顶咖啡'，感受醇香暖意，第 2 杯半价！"

（3）发布朋友圈营销内容。打开朋友圈页面，从相册中选择新品宣传海报（配套资源：\素材\项目三\巧克力雪顶咖啡.png），并在朋友圈发布页面编辑文字，点击"谁可以看"选项，选择标签为"口味偏甜"的用户，如图 3-8 所示。点击"发表"按钮发送营销内容，效果如图 3-9 所示。

图 3-8

图 3-9

实践 3——为小馆咖啡设置微信公众号

随着个人号营销步入正轨，小馆咖啡的知名度逐渐提高，温馨的品牌形象逐渐建立，用户群体也变得更加稳定。在此基础上，小馆咖啡计划进一步开展微信公众号营销，以吸引更多的潜在用户和提高品牌影响力。在开展营销前，小馆咖啡需要设置好微信公众号，做好账号运营准备。

1. 实践要求

（1）设置体现品牌形象的微信公众号。

（2）合理设计微信公众号的功能。

2. 实践步骤

（1）确定微信公众号的风格。小馆咖啡已经有明确的品牌形象——温馨，那么可以直接将微信公众号的账号风格和内容风格确定为"温馨"。

（2）确定微信公众号的服务。该微信公众号作为小馆咖啡的官方公众号，要能够传递最新的品牌、产品信息，也要方便商务联系。总的来看，该微信公众号提供的服务可以有"小馆消息""最新福利""联系我们"等。

（3）注册并设置微信公众号。登录微信公众平台，根据提示注册微信公众号，然后设置微信公众号的名称、头像和简介。在设置时，同样可以采用其他咖啡品牌的设置思路，以品牌名称作为微信公众号名称，以品牌 Logo 作为微信公众号头像，以"专业咖啡品牌"为简介，突出品牌的专业性，效果如图 3-10 所示。

图 3-10

（4）设置自定义菜单。在微信公众平台首页左侧的菜单栏中选择"内容与互动"选项，在展开的列表中选择"自定义菜单"选项。打开自定义菜单页面，单击"添加"按钮，在"菜单信息"栏中设置菜单的名称、消息类型等，设置完成后保存并发布，如图3-11所示。

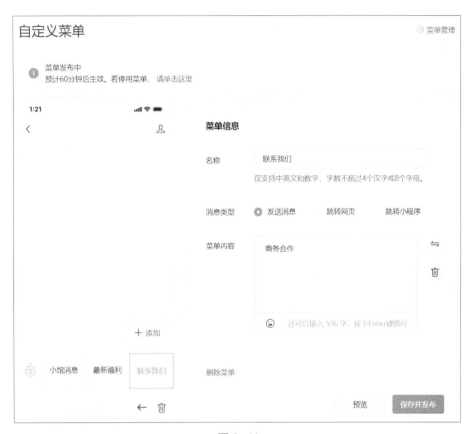

图 3-11

实践4——通过微信公众号开展话题讨论活动

为了增强用户黏性，促进咖啡的销售，小馆咖啡将在微信公众号上开展一场主题为"小馆必喝榜之经典回顾"的话题讨论活动，以店内热销的几款经典款咖啡为讨论话题。热销的经典款咖啡有乳酪丝滑拿铁、桂花撞乌龙、黑糖生椰拿铁，产品信息如下。

① 乳酪丝滑拿铁。

- 采用精选咖啡豆，搭配香浓的乳酪，创造出丝滑细腻的口感。
- 独特的配方将咖啡的苦涩与乳酪的香甜完美融合，为喜欢甜食的人带来不一样的味觉盛宴。
- 每一杯乳酪丝滑拿铁都由经验丰富的咖啡师精心制作，确保咖啡品质的稳定。

② 桂花撞乌龙。

- 这款咖啡以乌龙茶为基底，加入桂花干花，香气四溢，口感丰富。
- 桂花的花香与乌龙茶的醇厚相结合，使得咖啡既有乌龙茶的茶香，又有桂花的芳香。

③ 黑糖生椰拿铁。

- 将黑糖与生椰乳相结合，搭配经典咖啡豆，甜而不腻，层次丰富。
- 黑糖的甜味与生椰乳的清甜完美融合，清新自然。
- 每杯黑糖生椰拿铁都采用新鲜的生椰乳制作，保证饮品的口感与新鲜度。

1. 实践要求

（1）根据活动信息，明确活动的目的和名称。

（2）设计微信公众号的推文内容，体现出活动内容。

（3）通过微信公众平台后台创作和发布图文消息。

2. 实践步骤

（1）确定活动目的。此次话题讨论活动的目的是增强用户黏性，推广店内热销的经典款咖啡。

（2）根据活动主题确定活动的名称。小馆咖啡此次话题讨论活动的主题是"小馆必喝榜之经典回顾"，那么可以直接将活动名称定为"小馆必喝榜，经典回顾"。

（3）确定活动的互动方式。咖啡热销且经典，意味着购买过这些产品的用户较多；咖啡的款式不止一种，意味着每个用户都有偏好的一款。因此，可以将互动方式确定为：投票选出最受欢迎的经典款咖啡、分享你与咖啡的故事、说出你最喜爱的咖啡产品等。

（4）根据活动主题设计推文标题。此处可直接使用活动名称作为推文标题，直观体现活动内容。

（5）结合产品信息设计推文正文。参与话题讨论活动的有 3 款产品，可以采用并列结构来撰写正文，依次介绍每款产品的特点，然后让用户投票。

（6）编辑微信公众号推文。在微信公众平台首页选择"新的创作"栏中的"图文消息"选项，打开推文编辑页面，输入标题、作者和正文，然后在正文开头插入活动图片（配套资源：\素材\项目三\活动图片 .png）。

（7）发布微信公众号推文。在"封面和摘要"栏中设置活动图片为封面，单击页面右下角的"发表"按钮发布推文，如图 3-12 所示。最终效果如图 3-13 所示。

图 3-12

图 3-13

任务三　微信小程序和视频号营销

经过一段时间的微信个人号和公众号营销后，小馆咖啡的用户已经比较稳定。为了吸引新用户，更便捷地为产品引流，小馆咖啡准备进一步拓展自己的营销战线，通过微信小程序和视频号全面提升品牌在微信生态中的影响力。

【相关知识】

（一）微信小程序营销

微信小程序在微信生态中拥有众多无须开发的免费流量入口（可以接入小程序的入口），可以打通线上线下消费渠道，快速实现用户拉新、转化和留存，促进商业变现。

1. 常见流量入口

微信小程序能够借助多个流量入口，帮助企业不断获取流量，并便捷高效地将流量转化为销量。

（1）微信公众号

微信公众号可以与小程序互联，直接为小程序引流。常见的入口有：微信公众号主页的小程序入口、微信公众号推文中的小程序图片 / 二维码 / 文字链接（见图 3-14）、微信公众号对话窗口中发布的包含小程序二维码的海报等。

（2）微信群

营销人员通常会将小程序中的产品或活动详情页链接分享到微信群中，以促进产品销售、提高用户的参与度，如图 3-15 所示，甚至还会鼓励用户将该链接分享给自己的好友，吸引更多的用户进入小程序。

（3）微信搜索

微信小程序搜索页面和发现页面均可以搜索小程序。营销人员可以为小程序接入微信搜索功能，以便用户搜索，提高用户触达小程序的概率。图 3-16 所示为利用微信搜索搜索人邮相关小程序的结果。

图 3-14

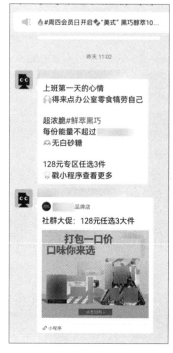

图 3-15

图 3-16

（4）微信直播

在直播页面，点击产品链接，在产品详情页点击购买链接，将跳转到微店或官方商城小程序。

2. 微信小程序的应用场景

微信小程序往往通过场景触发用户的使用行为，并开展营销。营销人员可以在线上线下多个场景中植入小程序，并借助合适的营销方式推动营销活动的顺利开展。

- **社交场景的应用**：微信小程序具有强大的社交属性，能够在微信群、朋友圈等社交场景自由使用，有助于实现低成本获客。具体而言，营销人员主要基于社交场景，通过社交手段（如裂变、拼团等）实现用户的拉新与转化。例如，外卖品牌美团采用了拼团的形式，利用其开发的小程序"美团拼好饭"，以"拼单购买更便宜"的方式吸引新用户、刺激老用户邀请新用户为其助力，大幅提升了新流量的获取和转化效率，扩大了品牌的影响力。

- **生活服务场景的应用**：微信小程序可以为用户提供一站式服务，集在线购物、导航、浏览等服务于一身，满足用户多样化的需求。例如，三星堆博物馆推出的同名小程序（见图 3-17），轻便、无须下载，可以帮助用户实现在线预约购票、查看馆藏信息、交通导航等，既改善了用户体验，又减轻了博物馆的工作负担，还进一步宣传了博物馆。

- **电商场景的应用**：微信小程序同样也是营销人员实现一体化营销的工具，营销人员可以通过小程序为用户提供点餐、会员福利等服务，吸引线上用户进入小程序，并将其转化为购买用户。例如，瑞幸咖啡基于用户的实际消费需求打造的小程序（见图 3-18），其基于电商场景，围绕产品销售，为用户提供了新人专属福利、在线点单、外卖配送等服务。

图 3-17   图 3-18

3. 线上线下联合营销

微信小程序是打通线上线下消费渠道的重要枢纽，其以小程序二维码为接口，通过门店导购、线下扫码、线上支付等，将线下的流量引至线上，为线上二次营销创造了条件。

- **门店导购**：线下门店的导购员引导用户关注微信公众号，以微信公众号的小程序入口连接用户和小程序，进而提高留存用户的效率。

- **线下扫码 + 线上支付**：在线下门店的入口布置门店导购屏（内置小程序二维码）、在收银台布置收银小程序二维码、在点餐处或餐桌上布置点餐小程序二维码等，引导到店用户扫码进入官方商城小程序，查看小程序提供的产品或服务，甚至通过微信小程序下单支付。

（二）微信视频号营销

微信视频号是微信于 2020 年推出的短视频产品，它使微信的内容生态进一步完善，使得微信小程序、微信公众号、微信视频号可以连接成一个整体，将用户留在平台内，打造营销闭环（指营销中的各流程可以循环对接）。

1. 视频号的入口及视频号发展趋势

视频号的入口较为显眼，在微信中打开发现页面即可看到其入口，如图 3-19 所示；点击该入口，进入视频号主页面，如图 3-20 所示；点击顶部的 按钮，在打开的页面中点击"发表视频"按钮（见图 3-21），可以在视频号中发布短视频。

图 3-19　　　　　　　图 3-20　　　　　　　图 3-21

随着视频号产品功能、内容生态的不断完善，视频号也发生了一些新的变化，影响着营销活动的开展。2023 年，新榜研究院发布《2023 微信视频号年中发展报告》，其在深入分析视频号的基础上洞察视频号的未来发展趋势。为更好地利用视频号开展营销，营销人员有必要了解视频号的发展趋势。

- 创作者规模持续扩大，视频号正成为头部创作者的主阵地。
- 地方媒体参与传播阵地的构建，内容广度拓宽。
- 年轻群体涌入视频号，细分垂类开始在视频号涌现。
- 内容形式日益丰富，专业生成内容（Professional Generated Content，PGC）/ 用户生成内容（User Generated Content，UGC）＋原创 IP 共筑优质内容池。
- 企业 / 机构账号参与生态构建，视频号正成为企业传播新阵地。
- 视频号生态格局尚未稳定，无恒强者。

2．了解推荐机制

了解视频号的推荐机制，有利于营销人员掌握短视频的推荐规则，制定更有针对性的视频号营销策略，快速获取流量，增强营销效果。

（1）推荐算法

视频号采用个性化推荐算法，为营销人员提供个性化营销的机会。视频号的短视频推荐需要经历3个环节：召回→排序→混排。

- **召回**：根据视频号的产品设计，其召回的主要是关注频道（内容为用户关注账号发布的短视频）、朋友频道（内容为用户好友点赞的短视频）、推荐频道（内容为用户可能感兴趣的短视频）中的短视频。召回会实时进行，如果短视频为用户感兴趣的短视频，就有可能被召回，并放置在内容库中。
- **排序**：算法会根据播放量、点赞量、评论量、分享量、关注量等数据指标，按照评分规则对短视频进行排序，筛掉评分较低的短视频。
- **混排**：混排一般采用融合排序算法，按照一定的计算公式，计算短视频的权重得分，并按得分高低排序，将得分高的短视频推荐给用户。

（2）提高被推荐的概率

根据视频号的推荐算法可知，其推荐对用户微信社交关系的依赖性较强，不管是什么频道的短视频，如果好友看过，则会显示"朋友看过"的字样。因此，要想提高短视频被推荐的概率，就要利用好社交关系。

- **植入兴趣标签**：在短视频中植入多个兴趣标签，不仅可以帮助好友识别短视频，还有利于算法根据标签判断短视频的内容领域，在召回环节将短视频纳入对应的内容库。
- **添加所在地理位置**：在不泄露个人真实信息的情况下，为短视频添加所在地理位置，如当前旅游地、当前吃饭的地方等，一方面可以增强短视频的真实性，另一方面可以基于地理位置与好友互动，提高短视频的曝光度。
- **确保内容质量**：短视频的内容要有内涵、有价值、有原创性，能够满足用户某方面的需求，确保内容的整体质量，增强好友的分享意愿。
- **引导好友互动**：通过各种方式引导好友点赞、评论甚至转发短视频，以提高短视频的权重得分。

3．视频号引流

视频号依托拥有大量用户的微信，因此，如何将微信用户转化为视频号的用户，为营销打好用户基础，是一大问题。

（1）从微信公众号引流

在已创建了微信公众号且粉丝数较多的情况下，就可以在微信公众号中推广短视频，为视频号引流。推广时，短视频一般嵌在推文中，辅助说明推文的内容，如中国移动的推广方式有推文标题＋短视频＋简短的文字（见图3-22）、推文标题＋文字＋短视频＋文字（见图3-23）。

（2）从微信群引流

加入微信群的用户通常都有比较明确的目的，因此，从微信群中引流可以获得比较精准的用户，也更容易了解他们的需求，方便内容的创作。个人或企业如果创建了微信群，可以在微信群中推广视频号，引导用户关注视频号。

图 3-22

图 3-23

（3）从朋友圈引流

朋友圈好友之间的关联性和互动性较强，且在朋友圈转发和分享短视频非常方便，利于视频号的推广。将视频号中的短视频分享到朋友圈，需要做好以下两点。

- **封面展示重要信息**：在朋友圈中，好友第一眼看到的一般是短视频的封面，因此，要尽量在短视频的封面展示出重要信息，如营销的对象、营销活动名称等。

- **利用好朋友圈评论功能**：为了让好友了解到更多有效信息，可以在评论中展示一些重要信息，如活动福利等，吸引好友查看短视频。

4．组建视频号营销矩阵

随着视频号的崛起，其营销逐渐呈现出跨平台的特点，常以视频号＋公众号的搭配，并结合其他平台的营销，形成多平台营销矩阵，如图 3-24 所示。

图 3-24

【任务实践】

实践1——推广点单小程序

小馆咖啡每天要接待大量的用户，"排队点单慢、效率低"成为店铺和用户共同面临的难题，亟需解决。为此，小馆咖啡决定推出点单小程序，并推广点单小程序，扩大其用户群体，以提高销售额。

1. 实践要求

（1）根据需求明确小程序的功能定位。

（2）采用不同的方法推广小程序。

2. 实践步骤

（1）明确小程序的功能定位。确定小程序需要具备的功能，如在线点单、在线客服、会员管理、积分兑换、外卖服务等，然后在微信公众号中根据提示完成小程序的开发。

（2）明确线下推广渠道和方式。小馆咖啡拥有线下门店，可以在店内海报、宣传单页、餐桌等放置点单小程序二维码，也可以在附近的公交站、地铁站等地方张贴海报或放置宣传单页。

（3）利用微信公众号推广小程序。例如，在微信公众号中加入点单小程序的入口和介绍，推送给已关注微信公众号的用户；发布一些与小馆咖啡相关的内容，包括新品推荐、优惠信息等，吸引用户的关注和参与。

（4）设计小程序活动，推广小程序。通过设计小程序活动，提高用户对小程序的认知度，如小程序点单有礼、积分兑换小馆咖啡优惠券等活动。

实践2——使用微信视频号

个人号、公众号、小程序等的成功营销，让小馆咖啡认识到同平台多账号营销的优势，从而强化了矩阵营销意识。然而，公众号、小程序等往往无法直观地展示品牌理念和产品故事。为了增强营销效果，小馆咖啡计划开设视频号，利用视频号开展营销并搭建起完整的微信营销矩阵。

1. 实践要求

（1）设置符合品牌形象的视频号账号。

（2）拍摄短视频并通过视频号发布，然后通过公众号引流。

2. 实践步骤

（1）开通视频号。根据系统提示开通视频号，设置视频号名称为"小馆咖啡"，设置视频号头像为小馆咖啡Logo.（配套资源：\素材\项目三\小馆咖啡Logo.png）。

（2）发布短视频。直接利用视频号拍摄一款咖啡产品，体现咖啡的外包装、内包装和冲泡效果，时长15秒内，然后发布到视频号。

（3）推广视频号。采用推文标题＋短视频＋简短的文字的方式，利用微信公众号推广该短视频。

【综合实训】在微信通过多种方式营销品牌日活动

1. 实训背景

CC服饰是一家专注于户外服饰的新兴品牌，其轻量级户外服饰在市场上备受用户青睐。该品牌的目标用户主要是20～40岁、充满活力和喜欢户外运动的用户，这些用户使用微信的频率较高。为了进一步提升品牌影响力，CC服饰特别推出了一场为期3天的品牌日活动（10月15日—10月17日）。活动期间，所有产品以7折的优惠价格出售。为了更好地推广这次品牌日活动，CC服饰打算在微信中利用已有的个人号、公众号和视频号营销此次活动。

2. 实训要求

利用个人号、公众号、视频号营销品牌日活动，体现出品牌日活动的重要信息。

3. 实训思路

（1）制定个人号、公众号、视频号的营销策略。确定个人号、公众号、视频号的营销方式，如个人号通过朋友圈开展营销，公众号通过发布与产品、品牌相关的推文营销，视频号通过短视频开展营销。

（2）个人号营销。将品牌日活动的信息融入生活分享中，撰写并发布朋友圈营销内容，效果如图3-25所示。

（3）公众号营销。根据品牌日活动信息撰写微信公众号文章，在设计标题时可以突出折扣力度，在设计正文时可以采用总分结构，围绕活动日这一主题，分点论述。写作完成后发布微信公众号推文，效果如图3-26所示。

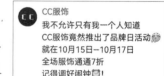

图 3-25

CC服饰品牌日，户外轻装7折优惠！

CC服饰　CC服饰　2023-10-11 10:18　发表于四川

亲爱的户外运动爱好者们，CC服饰即将开启一场**为期3天**的品牌日活动，活动期间，**优惠力度非常大**，可谓前所未有。

CC服饰是一家专注于轻量级户外服饰的新兴品牌，致力于为20~40岁、充满活力和热爱户外运动的朋友们提供优质、舒适、具有性价比的户外服饰。此次品牌日活动，我们准备了一系列惊喜。

首先，所有户外轻装产品7折，让您以更实惠的价格买到心仪的户外服饰。不需要凑"满减"！不需要凑件数！只要在活动期间购买任意一件产品，即可享受7折的优惠！不论是新品还是经典款，只要看上了，就可以以7折的优惠价格带回家！

其次，我们还为您准备了丰富的福利，如积分兑换和特别礼品券等，只要在店购买产品，即可享受这些福利。

同时，我们将邀请一些知名的户外运动达人在活动期间进行直播分享，为您提供实用的户外穿搭建议和技巧。同时，购买过我们产品的用户还会在直播间分享他们的使用心得，让您更直观地了解我们的产品。

您可以前往官方网店浏览和购买我们的产品。**10月15日—10月17日**，不要错过了！

图 3-26

（4）视频号营销。通过视频号发布品牌日活动的视频（配套资源：\ 素材 \ 项目三 \CC 服饰品牌日活动 .mp4），效果如图 3-27 所示。然后将视频分享到微信朋友圈和微信群，号召好友及社群成员查看、点赞和分享短视频，为品牌日活动引流。

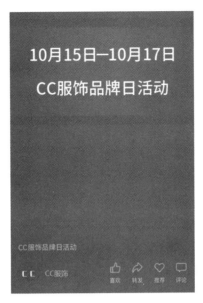

图 3-27

【思考与练习】

一、填空题

1. 微信平台的特点有_____、_____、_____、_____。
2. 微信营销的特点有_____、_____、_____。
3. 微信公众号定位可以从 3 个方面进行，分别是_____、_____、_____。
4. 微信公众号的常用功能和服务有_____、_____、_____等。
5. 微信小程序的常见流量入口有_____、_____、_____、_____等。
6. 微信视频号的推荐机制是_____。
7. 微信生态内，视频号营销矩阵的常见组合是_____。

二、选择题

1.【单选】微信个人号的组成不包括（　　）。
　　A. 昵称　　　　　　B. 头像　　　　　　C. 微信号　　　　　D. 邮箱
2.【单选】用户关注微信公众号时的回复属于（　　）。
　　A. 被关注回复　　　　　　　　　B. 关注回复
　　C. 收到消息回复　　　　　　　　D. 关键词回复

3.【单选】标题"自媒体百万博主自爆 10 万＋流量密码"，主要运用的标题设计技巧是（　　　）。

A. 标题中添加标点
B. 标题中添加数字
C. 增强语气
D. 标题中加入与热点相关的关键词

4.【多选】小程序的应用场景主要有（　　　）。

A. 餐饮场景
B. 社交场景
C. 生活服务场景
D. 电商场景

5.【多选】如果想要提高视频号中短视频被推荐的概率，可以（　　　）。

A. 植入兴趣标签
B. 添加所在地理位置
C. 确保内容质量
D. 引导好友互动

三、简答题

1. 简述微信营销的主要方式。
2. 简述微信个人号营销的方式。
3. 简述微信公众号运营推广的步骤。
4. 简述微信公众号广告植入的方法和技巧。
5. 简述微信视频号引流的渠道和方法。

四、操作题

1. 为彩妆品牌诗颜分别创建一个微信个人号、微信公众号，并开通微信视频号，所有账号的名称统一为品牌名，账号头像统一使用品牌 Logo（配套资源：\素材\项目三\品牌 Logo.png）

2. 假设你是某微信公众号的营销人员，请完成以下操作。

（1）针对华为推出的 Mate 60 Pro，运用总分结构写作一篇公众号推文，突出该产品的优势，以及其发布的意义。

（2）将写作的公众号推文通过微信公众号发布，然后分享到微信朋友圈，并在评论区中呼吁好友点赞、评论。

3. 某零食品牌即将开启周年庆活动，活动期间全场满 300 元立减 100 元、满 200 元立减 70 元、满 100 元立减 50 元。请利用微信视频号拍摄介绍该活动的短视频，然后发布到微信视频号并推广视频。

项目四
微博营销

【学习目标】

➤ 熟悉微博营销的策略和工具。
➤ 掌握开展微博营销活动的方法。

【素养目标】

➤ 培养思辨意识，提高分辨真伪信息的能力。
➤ 提高热点敏感度，善于捕捉热点，并化为己用。

【情景导入】

黑巧间是一个专注于生产高品质黑巧克力的品牌，其目标用户主要是追求健康品质和生活的年轻人。该品牌一直致力于为用户提供无蔗糖的、美味的黑巧克力产品，满足用户多样化的需求。现在，黑巧间决定开展微博营销，以提高品牌的知名度，谋求更高的销售额，并增强用户黏性。

任务一　认识微博营销

微博是一个通过关注机制分享简短实时信息的广播式的社交网络平台，聚集了大量的活跃用户。黑巧间准备先深入分析微博的营销价值，初步探讨在该平台可施行的策略等，为品牌的进一步发展做好充分准备。

【相关知识】

（一）微博营销的价值

微博的准入门槛低、信息发送便捷，且互动性强，能够实现信息的快速传播和与用户实时互动等，因此具有非常高的营销价值。

- **促进品牌传播**：微博作为一个社交网络平台，可以为个人或企业提供展示自身个性、品牌形象的机会。个人或企业通过发布展示品牌信息的微博内容，可以吸引更多用户了解和关注品牌，提高品牌的讨论度和知名度，从而提升品牌的影响力。

- **建立互动关系**：微博是一个互动性很强的社交媒体平台，个人或企业可以通过回复用户评论、举办互动活动、发起话题讨论等方式与用户进行互动和沟通，或及时回应用户反馈、解决用户问题，与用户建立良好的互动关系，提高用户的忠诚度。
- **方便市场调查和产品推广**：个人或企业可以通过微博积累大量粉丝，而这些粉丝一般是品牌的目标用户。基于这些目标用户，个人或企业可以便捷地进行市场调查，了解用户需求和市场趋势，从而更好地满足用户的需求。同时，个人或企业针对这些目标用户进行产品推广，可以有效促进产品的销售。
- **危机公关**：基于微博信息传播的实时性，个人或企业在遇到危机事件时可以迅速做出反应，通过微博及时发布危机公关文案，遏制负面言论的扩散，维护品牌的形象和声誉。

（二）微博营销策略

微博营销讲究一定的策略性。由于开展微博营销的个人或企业众多、平台环境错综复杂，因此需要采取有效的营销策略。

1. 打造热点

在微博营销中，热度越高的微博内容，越容易引起用户的注意，形成病毒式传播。因此，将营销内容打造成热点，是提高其传播度的有效方式。

（1）找到核心优势

打造热点前，个人或企业首先应当基于品牌的定位，深入挖掘品牌理念，找到品牌的核心优势，捕捉其中最有可能成为热点的要素，或者最容易向用户表达的要素，将其作为热点的基石。

（2）设计热点

一般来说，热点的打造需要经过精心设计。在设计热点时，应立足于品牌的核心优势，从不同角度设计营销内容，提高其成为热点的可能性。

- **共鸣性**：微博是一个非常能够调动用户情绪的平台，因此，能够引起用户共鸣的内容更容易传播。
- **事件性**：具有可讨论性的事件容易引起用户的自发讨论，并且事件与用户的关联性越强，越容易引起用户的传播。
- **利他性**：向用户提供对其有用的内容，让用户有所收获，进而促进内容的传播。
- **趣味性**：好玩、新奇、有趣的内容在微博中更容易流行起来。
- **流行性**：时下的热门话题更容易成为热点，如热门影视剧、网络流行语、社会事件等。

（3）布局热点

真正的热点应当能够引起用户的反应，引发其深度参与和讨论。为了达到这种效果，需要合理布局热点。

- **环绕型布局**：通过围绕一个核心观点或事件展开叙述，从多个角度和维度进行深入剖析和探讨，从而吸引用户的关注和兴趣。这种布局方式可以帮助用户更好地了解热点的背景、成因、影响等信息。

- **对比型布局**：通过选择一个具有矛盾性的事件或话题，从矛盾的一方面提出一个观点或解决方案，从而引发用户的关注和讨论。这种布局方式可以通过对比不同的观点和立场，引导用户发表自己的看法和观点，扩大讨论范围。

2. 发布原创内容

在微博营销中，原创的微博内容通常更具有辨识度，也更容易体现个人或企业的特点，给用户留下深刻印象。一般来说，品牌资讯、原创作品、原创教程等都可作为原创内容发布。

- **品牌资讯**：品牌资讯是较为常见的原创素材。常见的品牌资讯有品牌新闻、品牌故事、品牌荣誉、最新产品等。通过企业的官方微博账号发布品牌资讯，既有利于宣传品牌，又有利于让用户深入了解品牌。
- **原创作品**：小说、随笔、漫画、照片、短视频、手工等原创作品，同样可以作为原创内容发布，成为宣传自己的道具。
- **原创教程**：在微博中发布与微博定位相符的、原创的图片、文字、视频教程，如美妆教程、手工教程、烹饪教程等，也可以体现个人或企业的特色，加深用户的印象。

3. 合作互推

开展微博营销时，与其他品牌或有影响力的账号合作，也是一个可取的策略。

- **与有影响力的微博账号合作**：为增强营销效果，可以与有一定影响力或相关领域的微博账号合作，如达人或其他品牌的微博账号。可以直接联系其他微博账号或通过第三方网站与之建立合作关系，推广自己的账号，提高曝光度，增加粉丝量，为后期的营销计划打下基础。蒙牛乳业与新华网合作如图4-1所示。
- **与旗下微博账号合作**：如果个人或企业开设了多个微博账号，且这些微博账号的粉丝量比较可观，那么这些账号可以合作，互相推广引流。蒙牛乳业与蒙牛奶酪合作如图4-2所示。

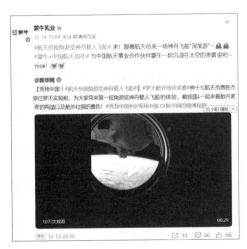

图4-1

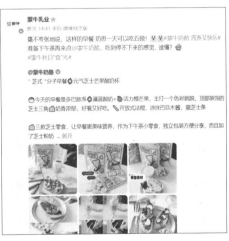

图4-2

需要注意，虽然合作互推可以给账号带来一定的浏览量，但如果账号本身没有能够吸引用户的微博内容，那么即使有足够多的浏览量，其转化率也会较低，无法起到增强营销效果的作用。

4. 打造微博矩阵

微博矩阵是由同一企业或品牌旗下多个定位不同的微博账号组成的微博账号群，具有多平台布点、多账号协调和一体化管理的特点。搭建微博矩阵，不仅有利于触达不同层次的用户，全方位塑造品牌形象，还有利于广泛传播营销信息。

（1）微博矩阵的模式

微博矩阵应用广泛，常见的模式主要有 3 种。

* **蒲公英式**：蒲公英式以产品线为导向，通常围绕核心账号，根据产品或子品牌开设多个微博账号，比较适合拥有多个子品牌的企业，如图 4-3 所示。蒲公英式微博矩阵可以实现账号互通，形成整体优势，扩大营销信息的传播范围，强化用户对产品或品牌的印象。

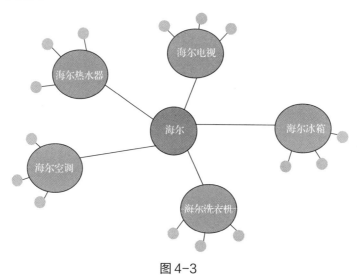

图 4-3

* **放射式**：放射式通常由一个核心账号统领各分属账号，由核心账号发送信息给分属账号，各分属账号地位平等，相互之间不进行信息的交互，如图 4-4 所示。放射式微博矩阵能够扩大营销信息的覆盖范围，缩短信息传播的路径，提高传播速度。

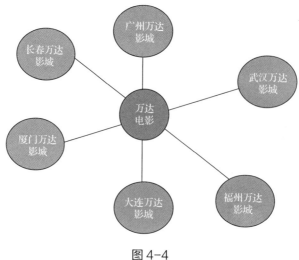

图 4-4

- **双子星模式**：双子星模式存在两个或者多个核心账号，如将官方微博账号和创始人的微博账号作为核心账号，搭建微博账号矩阵，共同为品牌宣传出力，并开展良性互动。双子星模式要求各核心账号都拥有较强的影响力，并且不同账号之间转发的内容要符合账号定位。

（2）微博矩阵的建立方法

建立微博矩阵可以使各微博账号各司其职，分发不同的营销内容，从而更好地实现营销目标。在搭建微博矩阵时，营销人员可以采取一定的方法，明确各微博账号的角色定位。

- **按品牌需求建立**：大多数大型企业都拥有多个品牌，为每个品牌开设微博账号可以形成微博矩阵，同一微博矩阵中的品牌可以互相引流，吸引和维护粉丝。例如，蒙牛根据品牌需求建立了多个子品牌账号，如图4-5所示。
- **按地域建立**：按地域建立微博矩阵适用于银行、网站、团购行业，便于企业进行区域化管理。例如，中国电信基于各地的电信营业厅，按照地域开设了微博账号，建立了微博矩阵，如图4-6所示。
- **按业务需求建立**：根据不同的业务需求，建立不同的微博子账号，赋予子账号不同的功能，形成微博矩阵。例如，京东根据业务需求，建立了京东、京东家电、京东超市等不同功能的子账号，分别用于发布京东官方消息、处理不同类目产品的问题等，如图4-7所示。

图4-5　　　　　　　　　图4-6　　　　　　　　　图4-7

- **围绕团队成员建立**：一些企业或机构还会围绕团队成员搭建微博矩阵，如某主播孵化机构围绕旗下主播搭建微博矩阵，当需要进行营销时，可通过主播账号之间的互动与造势提高热度。

高手秘技

微博矩阵的建立方法在一定程度上可以看作运用了不同的微博矩阵模式，如按品牌需求建立的微博矩阵对应蒲公英式微博矩阵，按地域建立的微博矩阵对应放射式微博矩阵。

（三）微博营销工具

为了支持个人和企业营销，微博推出了很多实用的营销工具，借助这些工具，可以更好地增强营销效果。

- **粉丝服务平台**：粉丝服务平台支持设置私信自动回复、评论自动回复等，通过该平台可以提高互动效率。
- **微博数据助手**：微博数据助手提供微博账号粉丝、微博内容、微博互动等的数据分析，可以帮助个人或企业更好地了解微博营销情况，查找问题，制定更合理的营销策略。
- **微报告**：微报告基于微博数据，可以对企业和用户进行深入的分析，提供企业、用户的数据分析报告。查阅微报告发布的数据分析报告，可以更好地了解用户微博的特点和需求。例如，图4-8所示为微报告发布的《2023年上半年微博热搜趋势报告》，其体现了用户对社会热点、娱乐热点等的关注程度，可以反映用户的内容偏好。

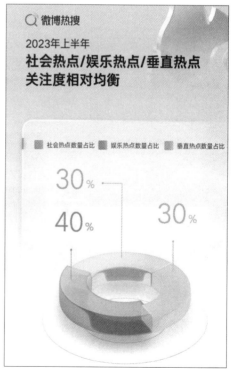

图4-8

- **微博 VPlus**：微博 VPlus 提供粉丝付费订阅服务，使用该工具，可以有效降低内容创作的成本、提高创作效率，促进粉丝转化。
- **微博小秘书**：微博小秘书是微博的官方账号，每日会提供重要的微博热点信息，包括平台活动。借助该工具，个人或企业可以更好地了解每日的热点和平台的政策变动，进而调整营销策略，使之更顺应平台的发展趋势。

【任务实践】

实践1——通过打造热点和发布原创内容营销黑巧间

黑巧间坚持"追求高品质健康生活，永不止步"的品牌理念，在开发优质黑巧克力的道路上从未停止脚步。然而，品牌名声不显，为此，黑巧间计划在 9 月 23 日左右借助微博开展营销，通过制造热点和发布原创内容营销品牌，扩大品牌的影响力。

1. 实践要求

（1）从多个角度设计内容，提高其成为热点的可能性。

（2）选择一个角度设计原创内容，并深入阐述内容的设计思路，然后发布内容。

2. 实践步骤

（1）挖掘品牌核心优势。黑巧间的核心优势主要有两点：一是产品，其无蔗糖的、美味的黑巧克力与传统的甜巧克力、以苦味著称的纯黑巧克力有明显的区别；二是品牌理念，其"追求高品质健康生活，永不止步"的品牌理念体现了品牌的独特性，使其与其他巧克力品牌区别开来。

（2）分析热点设计角度。热点的设计角度主要有 5 个，分别是共鸣性、事件性、利他性、趣味性、流行性。就共鸣性而言，可以将用户的需求与产品联系起来。就事件性而言，由于营销的时间为 9 月 23 日左右，该时间为杭州第 19 届亚运会的开幕时间，且杭州第 19 届亚运会是一个被广泛讨论的社会事件，因此可以将其与品牌联系起来，设计热点。就利他性而言，可以为用户提供一些实际的利益，如免费试吃、发放优惠券等。就趣味性而言，产品和品牌理念本身不具备趣味性，因此可以从举办趣味活动的角度设计。就流行性而言，可以在微博中搜索热门话题，借助合适的热门话题来设计热点。

（3）选择热点设计角度。选择一个更有可能形成热点的角度进行设计。由于杭州第 19 届亚运会的讨论范围非常广，且热度非常高，从这一事件入手设计更有可能让内容成为热点，因此这里选择从事件性的角度进行设计。

（4）设计原创内容。黑巧间"追求高品质健康生活，永不止步"的品牌理念，与亚运会乐观自信、不惧挑战的精神相契合，因此可以在内容中将二者结合体现。同时，为了提高内容的热度、扩大内容传播的范围，可以在内容中设计多个关键词，如与亚运会、品牌或福利相关的关键词等。

（5）发布原创内容。登录微博，打开"发微博"页面，输入设计好的营销内容，然后发布微博。发布后的效果如图 4-9 所示。

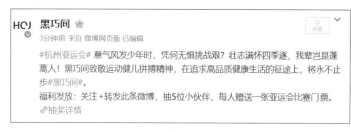

图 4-9

实践2——为黑巧间搭建微博矩阵

当前，黑巧间仅开设了官方微博账号，所有内容均通过该账号发布，这在一定程度上阻碍了品牌影响力的扩大，同时也导致内容发布不够有序。为解决这个问题，黑巧间决定将业务划分为电商、售后、官方消息发布三大板块，并将围绕这三大板块搭建微博矩阵。

1. 实践要求

（1）选择合适的微博矩阵建立方法。

（2）明确每个账号负责的具体内容。

2. 实践步骤

（1）选择微博矩阵建立方法。黑巧间已详细划分业务，可直接采用按业务需求建立微博矩阵的方法，围绕黑巧间这一核心微博账号，开设黑巧间电商、黑巧间售后微博子账号。

（2）明确账号负责的内容。黑巧间作为官方微博账号，可侧重官方新闻和公告的发布；黑巧间电商可以作为品牌开展电子商务活动时的传播渠道，专注于产品的线上销售；黑巧间售后则可侧重处理用户的各种售后问题和服务需求。具体如表4-1所示。

表 4-1

微博账号	主营业务	负责内容	作用
黑巧间	官方消息发布	发布黑巧间的官方新闻和公告，包括品牌动态、产品上新、活动信息等	通过传达品牌的最新动态和理念，加深用户对品牌的认知和了解
黑巧间电商	电商	专注于黑巧间的各类线上销售活动，发布与产品相关的资讯和活动信息等	为用户提供便捷、安全的购物体验，吸引更多用户关注和购买产品
黑巧间售后	售后	负责处理用户的各类售后问题和服务需求	通过及时、有效的回复和处理，提升用户对品牌和产品的信任度与满意度

（3）开设微博账号。注册两个新的微博账号，并将账号名称分别设置为黑巧间电商、黑巧间售后，然后设置头像（配套资源：\素材\项目四\黑巧间电商头像.png、\素材\项目四\黑巧间售后头像.png），并将简介分别设置为"黑巧间电商官方微博""黑巧间售后服务中心"。设置完成后的效果如图4-10所示。

图 4-10

任务二　开展微博营销活动

初步完成平台布局后，黑巧间将启动一系列精心策划的微博营销活动。这些活动不仅有助于提高品牌的知名度，同时也能吸引更多潜在用户的关注，促进产品的销售。

【相关知识】

（一）开展线上微博营销活动

微博拥有广泛的用户基础，通过开展线上营销活动，不仅可以覆盖更广泛的用户群体，还可以有效增强用户黏性，提高产品或品牌的影响力。

1. 开展抽奖活动

抽奖活动是微博常见的线上营销活动，通过奖品吸引用户，具有一定的利他性，可以调动用户参与的积极性，对于促进新品推广、宣传线下活动、扩散营销信息等有积极意义。因此，在设置抽奖活动时，既要确保参与方式有利于实现营销目的，也要确保活动的奖品对用户具有吸引力。

- **参与方式**：微博抽奖活动的参与方式一般是转发、评论或点赞，具体设置时，还可以进一步限制用户的参与条件，如设置关注、@好友（最多3位）、筛选关键词以及同时关注他人（最多支持1人）。设置合理的参与方式，不仅能够吸引更多用户关注微博账号，还能扩大抽奖活动的影响力。
- **活动奖品**：微博抽奖活动的奖品主要有3类，包括实物奖品、现金和虚拟奖品（见图4-11）。不管是哪一类奖品，描述都必须真实、准确，不能存在歧义、误导性以及不确定性。一般来说，单个奖品的价值不会超过1万元，单个奖项奖品的总价值不超过5万元。

图4-11

2. 开展话题讨论活动

话题讨论主要是就某热门话题，引发用户的讨论。话题可以是已有的热门话题，也可以是自创的热门话题。由于热门话题具有庞大的阅读量与讨论量，且受人关注、易引发用户共鸣、激发用户的表达欲望，因此开展微博营销时可以借助热门话题增强用户互动、增加用户黏性。

（1）选择话题

开展话题讨论活动的关键在于选择话题，话题除了要有热度外，还要与微博账号的定位相符、与用户的需求相关。

- **选择已有热门话题**：如果是在已有的热门话题上"做文章"，具体选择时，可以先查看微博热搜榜、微博话题榜、实况热聊中各话题的实时排名，选择与账号定位、产品或服务相契合的话题，作为话题讨论的切入点。

- **自创热门话题**：如果想要自创热门话题，话题则需要与产品、品牌或服务相关，且要围绕用户需求。具体创造时，可以借鉴热点的打造方法，也可以从社会议题（在微博热搜榜可查看）的角度切入，这种话题与用户的相关性较强，更容易引起用户的讨论。

（2）发布话题讨论

微博话题以双＃为标志，发布话题讨论时，在微博发布页面选择"话题"选项，然后在给出的话题示例中选择话题或自行输入新话题，如图 4-12 所示。完成话题的输入后即可围绕话题发表看法，引导用户参与讨论，如图 4-13 所示。

图 4-12

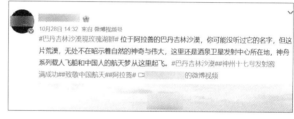

图 4-13

3. 开展有奖征集或有奖问答活动

有奖征集和有奖问答都是通过奖品来刺激用户参与活动的，但两者具体的实施方式不同。

- **有奖征集**：通常根据指定的内容主题，通过奖品来激励用户围绕主题创作内容并发布。在活动结束后，根据内容质量决定中奖者。

- **有奖问答**：有奖问答是获取信息的重要途径，通过提供奖品，邀请用户回答问题，并根据要求给予答对问题者奖品。

不管是有奖征集还是有奖问答，在活动开始前，都需要确定好活动主题、活动时间、参与方式与要求等，以便活动有序、顺利地开展。

4. 开展投票活动

投票是针对某一具有讨论性的问题或话题，提前设定选项，然后让用户参与选择的活动方式，可以提高用户的活跃度。投票活动示例如图 4-14 所示。

图 4-14

（二）开展线下微博营销活动

　　线下微博营销活动是展现品牌形象的直接方式，同时也是增进用户与品牌的互动和沟通的有效途径，有利于进一步提高用户对品牌的认知度和满意度，扩大品牌在市场上的影响力，促进销售转化。

1. 活动准备

　　线下微博营销活动的开展受场地、人员组织等的限制，具有一定的不可控性。因此，需要提前做好活动准备。

（1）活动策划准备

周密的营销活动策划有助于把握活动的方向，确保活动顺利开展。

- **明确活动目的：**常见的活动目的有增加粉丝量、提高品牌知名度、促进产品销售等。具体确定时，可以将目的量化，如销售 1 万组产品、销量提升 10%。
- **明确活动主题：**活动主题是指活动的中心思想，好的活动主题能加深用户对活动的印象。
- **明确活动时间：**活动时间一般指活动的开展时间。具体策划时，为有序推进活动的开展，可对活动从策划到完结的整体时间进行规划，包括活动策划时间、筹备时间、开展时间、复盘时间等。
- **明确活动地点：**线下微博营销活动一般在某一具体地点开展，如品牌实体店、购物中心等，以便用户参与。
- **明确活动形式：**确定活动的具体形式。常见的线下微博营销活动主要有线下分享会、线下见面活动、线下新品发布会、线下快闪活动、线下主题活动等。在确定活动形式时，需要充分考虑企业的营销需求和用户偏好，以确保活动的吸引力和有效性。
- **明确活动规则：**活动规则是用户参与活动时需要遵守的基本原则和规范，通常包含活动时间、参与条件、参与方式、领奖方式及注意事项等。
- **明确活动的玩法 / 流程：**活动玩法是指在一定的活动规则下，引导用户完成提前设定好的行为的方法，是活动形式的具象化。如果活动玩法分为多个阶段，可将其流程详细展示出来。

- **明确推广方式**：推广活动的方式，具体分为线上和线下。线上推广涉及推广平台的选择、平台具体推广方式的确定等，线下推广主要包括摆摊地推、投放电子屏广告、派发传单等。
- **预估活动费用**：活动的预算费用，包括奖品费用、广告费用、活动道具费用、餐饮费用和人员工资等。

（2）活动人员分工

合理的人员分工可以将责任落实到每个工作人员身上，有助于营销活动的顺利实施，确保活动的顺利开展。

- **策划统筹**：负责制定活动方案、把控活动方向、统筹活动安排等。
- **宣传推广**：负责发布活动信息、设计和发布活动海报、邀请媒体等。
- **对外联系**：负责筛选和洽谈活动场地与活动设备、邀请活动嘉宾等。
- **活动支持**：在活动现场协助开展活动的人员，包括活动接待人员、签到管理人员、设备管理人员、摄影人员、主持人等。

2. 活动造势

在开展营销活动之前，通过各种方式为活动造势，可以提高活动的曝光度，吸引更多的用户参与活动，同时还能营造热闹的活动氛围，提升用户对活动的期待感和关注度。

（1）选择活动发布主体

活动发布主体是指在微博上发布活动信息的微博账号。不同的发布主体，其活动发布的效果不同。

- **企业或品牌官方微博**：发布的活动信息较为权威，更容易使用户信服。
- **知名人物**：本身具有深厚的粉丝基础和广泛的影响力，发布的活动信息更容易引起用户的广泛关注。
- **企业或品牌领导**：其是企业或品牌形象的象征，其发布的活动信息既权威又能够引起用户的注意。

活动发布主体的选择是多元的，为使活动的声势最大化，可采用企业或品牌官方微博发布活动信息，知名人物/企业或品牌领导转载信息的方式为活动造势。

（2）确定造势主体

造势主体是指活动用于吸引用户的主要亮点，如活动形式、活动嘉宾、活动奖品等。例如，某品牌在线下举办品牌宣传活动，把参与活动的品牌代言人作为造势主体。

（3）选择造势方式

造势方式包括借助热门话题、借势名人等。选择恰当的造势方式，能够使线下活动在短时间内拥有较大的声势。

3. 活动推广

活动推广旨在传播活动信息，让更多的用户关注营销活动。一般来说，活动推广主要有活动推广文案和海报两种表现形式。

- **活动推广文案**：活动推广文案能够直接影响用户的第一印象。在编辑文案时，需要从用户的需求出发，将活动信息植入热点话题，吸引用户注意。

- **活动推广海报**：活动推广海报需要重点展示活动的主要信息，如活动形式、活动时间、活动地点、活动奖品以及活动嘉宾等，方便用户了解活动，同时给用户留下深刻的活动印象。

【任务实践】

实践 1——为黑巧间开展有奖征集活动

黑巧间对经典口味的黑巧克力的包装盒进行了改进，推出了以"热烈"为主题的新包装。为了推广产品的新包装，黑巧间准备在微博开展有奖征集活动，邀请用户就产品的新包装展开再创作。活动预计选出 10 位中奖者，奖品为品牌代言人亲笔签名一份 + 新包装巧克力一盒。活动时间为 10 月 20 日 20:00—11 月 20 日 24:00。

1. 实践要求

（1）简单策划活动，策划方案需包含活动目的、活动主题、活动时间、活动参与方式和要求。

（2）为活动撰写微博文案，文案中需包含活动介绍、参与要求。

（3）通过品牌官方微博账号发布文案和活动海报。

2. 实践步骤

（1）明确活动主题。本次活动的目的是推广产品的新包装，活动形式为新包装的再创作。基于此，可将活动主题确定为"巧间盒伙人"。

（2）明确活动的参与方式。首先，活动围绕产品的新包装进行，因此用户的再创作也需围绕产品的新包装；其次，为了方便用户创作，需要给出明确的创作方向，如使用 Photoshop 或手绘的方式涂抹包装盒封面的图案、使用 Photoshop 或手绘的方式再创作包装盒的背面、手工改造包装盒等。

（3）明确活动参与要求。此次活动在微博上开展。为了扩大活动的影响力，并表明活动的主办方，可将参与要求规定为：带话题 #巧间盒伙人 #+@ 黑巧间。

（4）生成活动策划。汇总以上所有信息，并适当优化，形成最终的活动策划，如图 4-15 所示。

黑巧间有奖征集活动策划
活动目的： 推广产品的新包装
活动主题： 巧间盒伙人
活动时间： 10月20日20:00—11月20日24:00
活动参与方式：
（1）再创作对象为产品的新包装
（2）创作方向：使用Photoshop或手绘的方式涂抹包装盒封面的图案、使用Photoshop或手绘的方式再创作包装盒的背面、手工改造包装盒等
活动参与要求： 带话题#巧间盒伙人#+@黑巧间

图 4-15

（5）撰写活动文案。为便于用户直观地了解活动，可以采用活动文案 + 活动海报的形式介绍活动。活动文案简单介绍活动及参与要求，可设计活动文案为"黑巧间包装盒再创

作大赛正式启动！各位小伙伴们快快打开你们的'脑洞'，在包装盒上大展身手吧！带话题＃巧间盒伙人＃，并＠黑巧间，发布你的作品，惊喜等着你！"

（6）设计活动海报。由于活动文案比较简略，用户了解到的活动信息比较有限，因此活动海报的内容可以详细一些，包含活动策划的所有内容。为保证海报的设计效率和效果，可直接使用在线设计工具中的海报模板如创客贴、Canva 等设计海报。进入创客贴，搜索活动海报的模板，选择任一模板，在编辑页面将内容修改为活动内容，部分效果如图 4-16 所示（配套资源：/ 效果 / 项目四 / 活动海报 .png）。

（7）发布活动文案和活动海报。打开发微博页面，输入活动文案，并上传活动海报，效果如图 4-17 所示。

图 4-16

图 4-17

实践 2——开展黑巧间线下变装主题活动

近期,黑巧间察觉到变装类短视频比较火热,于是打算借机策划一场线下变装主题活动,以"童话镇"为主题,邀请用户参与,并希望通过此次变装主题活动,让用户更好地了解黑巧间的产品和文化。此次活动的开展时间为 2024 年 1 月 1 日 16:00—19:00,地点为 ×× 市中心 ×× 主题酒店,预计参与者 1 000 人。此次活动主要由小赵（策划）、小钱（新媒体营销部员工）、小孙（美工兼文案）、小李（外联部员工）、小周（行政管理部员工）5 人负责,总预算为 10 万元。

1. 实践要求

（1）按照线下微博营销活动的开展流程规划活动，包括活动准备、活动造势、活动推广等。
（2）采用官方微博账号发布、子账号转载的方式为活动造势。

2. 实践步骤

（1）活动策划准备。就活动规则而言，受主题所限，参与者须装扮成童话故事中的角色。就活动玩法而言，为使活动有序开展，可将活动流程设置为用户入场→活动开场→变装秀展示（如现场随机抽取参与者上台展示自己的装扮并进行简要说明）→现场互动（如游戏互动、抽奖等）→产品体验→活动结束。就活动推广方式而言，黑巧间已搭建微博矩阵，直接采用微博矩阵推广活动更为直接有效。就活动费用而言，主要涉及线下酒店租赁费用、主持人出场费用、场地布置费用、宣传物料费用、摄影摄像费用、餐饮费用、道具和奖品费用、人员工资，总费用须限制在 10 万元以内。完善后形成完整的策划方案，具体如表 4-2 所示。

表 4-2

项目	详情
活动目的	让用户更好地了解黑巧间的产品和文化
活动主题	童话镇
活动时间	2024 年 1 月 1 日 16:00—19:00
活动地点	××市中心××主题酒店
活动形式	线下变装主题活动
活动规则	参与者须装扮成童话故事中的角色
活动流程	（1）用户入场：每一个参与者入场时抽取一张身份卡，身份分为捕食者和普通人，其中捕食者 20 人；同时，每位参与者入场时还会获得一块贴有编号的黑巧克力 （2）活动开场：主持人介绍活动的主题、规则和流程 （3）变装秀展示：现场随机抽取参与者上台展示自己的装扮并进行简要说明，共抽取 10 人，上台均可获得巧克力礼包一份、自我扮演角色小卡（由专业摄像人员为其拍摄后制作成小卡）一张 （4）现场互动：游戏开始，捕食者只要拿走普通人手中的巧克力即视为捕食成功，其余人须在一个半小时内找出捕食者，指认成功就可参与抽奖 （5）产品体验：提供黑巧间产品的试吃和试饮 （6）活动结束：主持人总结活动内容、颁发奖品，感谢参与者的支持
活动推广	利用微博矩阵推广，具体为官方微博账号发布活动信息、子账号转载活动信息
活动费用	酒店租赁费用、主持人出场费用、场地布置费用、宣传物料费用、摄影摄像费用、餐饮费用、道具和奖品费用、人员工资，总计 10 万元以内

（2）活动人员分工。根据 5 位员工的专业技能和特长进行分工：小赵负责策划统筹，小钱和小孙负责宣传推广，小李负责对外联系，小周负责设备、摄影摄像和主持人筹备等方面的工作。

（3）活动造势和推广。黑巧间官方微博账号发布活动信息，黑巧间电商、黑巧间售后转载活动信息，效果如图 4-18 所示。

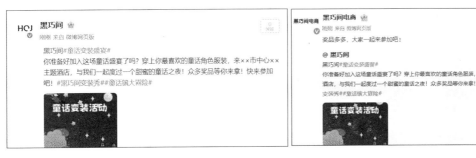

图 4-18

【综合实训】利用微博营销旅游产品

1. 实训背景

近些年，318 国道川藏线因其独特的自然风光和深厚的文化历史越来越受到游客的喜爱。为了满足市场需求，旅行者旅行社特别推出了318专线旅游产品，并打算借助微博营销该产品。318专线旅游产品的信息和卖点如下。

- **产品信息：** 2～6人成团，成团即可出发，从成都出发，10天9晚，3 480元/人。
- **独特的自然风光：** 318国道川藏线沿途景色壮丽，从平原到高原，从森林到草原，从江河到雪山，各种自然风光一应俱全。
- **深厚的文化历史：** 318国道川藏线沿线拥有丰富的文化遗产，包括古老的建筑、历史文化遗迹等。
- **探险与挑战：** 318国道川藏线是一条充满挑战的路线，沿途有许多山路和桥梁。
- **丰富的旅游资源：** 318国道川藏线沿线有许多著名的旅游景点，如稻城亚丁、来古冰川、怒江大峡谷等。
- **美食与特产：** 318国道川藏线沿线的美食和特产也是一大亮点。游客可以品尝到特色餐饮，还可以购买当地的特色手工艺品和纪念品。
- **深度旅游体验：** 318专线旅游可以为游客提供专业的导游服务和行程安排，让游客能够更好地了解当地的文化和历史，深入体验当地的生活方式和风土人情。

2. 实训要求

围绕318专线旅游产品开展线上、线下微博营销活动。

3. 实训思路

（1）活动准备。依次确定活动的目的、主题、形式。其中，活动形式是重点。例如，线上可以选择比较容易开展的活动，如开展抽奖活动送满减优惠券，开展投票活动选出318国道川藏线上游客最想去或认为最美的地方。线下可在旅行社大厅摆放产品宣传册、地推传单、举办318国道川藏线图片展等。

（2）设计并发布活动文案和产品海报。其中活动文案可以结合产品信息和卖点、活动玩法和规则等撰写；产品海报可使用创客贴的模板进行设计，设计时只需注意清晰展现产品的卖点。

（3）活动造势和推广。为扩大活动的声势，可围绕产品连续发布多条微博文案，或转发到其他平台（如微信朋友圈）。

【思考与练习】

一、填空题

1. 微博是一个通过_____分享简短实时信息的广播式的社交网络平台。

2. 微博热点的打造需要找到品牌的_____。

3. 将发布原创内容作为微博的营销策略之一，是因为原创的微博内容更具有_____，也更容易体现_____，给用户留下深刻印象。

4. _____以产品线为导向，比较适合拥有多个子品牌的企业。

5. _____这一微博营销工具可以提供基于微博的数据分析报告。

6. 微博抽奖活动的参与方式一般是_____。

7. 话题讨论主要是就_____，引发用户的讨论。

8. 线下微博营销活动的开展一般分为 3 步，依次是_____、_____、
_____。

二、选择题

1.【单选】以下不属于设计热点的角度的是（　　　）。

    A．共鸣性　　　　　　B．流行性　　　　　C．利己性　　　　　D．事件性

2.【单选】某彩妆品牌与美妆博主合作推广新产品属于（　　　）。

    A．与他人合作　　　　　　　　　　B．与旗下微博账号合作

    C．与团队成员合作　　　　　　　　D．与有影响力的微博账号合作

3.【单选】以下不属于常见微博营销活动发布主体的是（　　　）。

    A．企业或品牌官方微博　　　　　　B．知名人物

    C．企业或品牌领导　　　　　　　　D．企业或品牌普通员工

4.【多选】以下属于常见的线上微博营销活动的有（　　　）。

    A．抽奖　　　　　　B．话题讨论　　　　C．有奖问答　　　　D．投票

5.【多选】常见的微博营销工具有（　　　）。

    A．粉丝服务平台　　　B．微博数据助手　　C．微报告　　　　　D．微电商

三、简答题

1．简述微博营销的策略。

2．简述打造微博热点的方法。

3．简述线上微博营销活动的类型。

4．简述线下微博营销活动准备的内容。

5．简述微博矩阵的建立方法。

四、操作题

1．在微博搜索"东方甄选"，分析其微博矩阵的模式和建立方法。

2．某外卖品牌即将推出一个优惠活动，主要是发放优惠券和福利。请给出具体的营销思路，明确营销方法。提示：可在网络上（包括微博）搜索相关资料。

3．童可乐是一家童装品牌，主要售卖 15 岁以下的男、女童装。近日，童可乐新推出了一款磁吸三防冲锋衣，主要有灰紫色、藏青色两种颜色，男童、女童皆可选。童可乐将使用微博营销该冲锋衣，请为其策划线上营销活动，注意要体现产品特点。

项目五
短视频营销

【学习目标】

> ➤ 熟悉主流的短视频营销平台。
> ➤ 掌握短视频营销内容策划的方法。
> ➤ 掌握短视频营销的策略和短视频的推广方法。

【素养目标】

> ➤ 培养海纳百川、兼容并蓄的文化思维，主动学习和借鉴优秀的短视频创意。
> ➤ 坚持守正创新，既能合理运用以往优秀的营销策略，又能做到古为今用、辩证取舍、推陈出新。

【情景导入】

阿明是江苏省连云港市海头镇的一位年轻人，毕业于某大学导演系，性格开朗、为人友善，有一手好厨艺。由于放心不下家里的父母，阿明放弃了自己的导演梦，返乡创业。正巧当地政府大力发展渔业，阿明顺应政策做起了水产养殖。随着短视频的火热，阿明重新燃起了导演梦，他重新拿起设备，把自己的故事讲给大家听。

任务一　短视频营销基础

在选择短视频营销平台前，阿明重点考察了各平台的用户画像和平台优势，以更好地开展短视频营销。

【相关知识】

（一）短视频营销的优势

随着短视频平台的广泛使用和用户数量的不断增长，短视频营销也变得越发普遍。短视频营销基于短视频展开，短视频的碎片化传播、强大的交互性等，使得短视频营销具有众多优势。

- **符合用户的碎片化需求**：智能手机的全面普及和 5G 时代的到来，增加了用户碎片化浏览信息的需求，而短视频以简短的视频直观地呈现营销信息，减少了用户获取信息的时间，使用户获取想要的信息十分方便。
- **有效带动用户情感**：短视频往往拥有符合情境的配乐、文字等，更容易带动用户的情绪，使其与品牌或产品建立情感连接。
- **目标精准**：只有对产品、品牌及视频内容感兴趣的用户，才会对短视频产生兴趣，并持续关注，甚至由关注者变为分享者，将短视频分享给与自己拥有相同特征和兴趣的用户。
- **易于传播**：短视频制作门槛较低，且时长短，容易通过社交媒体广泛传播。
- **社交属性强**：用户可以通过点赞、评论和转发等方式与其他人进行互动和交流，这不仅增强了用户之间的联系，还有利于传播短视频，使得短视频营销具有较强的社交属性。

（二）主流的短视频营销平台

短视频营销基于短视频营销平台展开，不同的短视频营销平台具有不同的用户群体和特点，因此，了解并选择合适的平台至关重要。

1. 抖音

抖音是一款音乐创意短视频社交软件，定位是"年轻、潮流"，是目前非常热门的短视频营销平台，自上线以来一直备受关注。

（1）用户画像

根据抖音官方公布的数据，抖音的日活跃用户已超过 8 亿人，用户基数大，抖音用户的年龄主要集中在 18 ～ 35 岁。在内容上，用户偏爱生活类、时尚类、美食类、剧情演绎类和舞蹈类的短视频（《2023 内容产业年度报告》），如美食、旅游、宠物、时尚等。同时，抖音国际版已经在全球多个国家和地区推出，拥有庞大的用户群体，为短视频营销走向国际市场奠定了深厚的用户基础。

（2）平台优势

抖音的定位是面向全年龄的短视频社区平台，相比其他短视频营销平台，其具有以下优势。

- **"增粉固粉"**：抖音聚集了大量年轻用户，这部分人群对新鲜事物的好奇心强，接受能力强，并且使用抖音的频率高。在抖音发布高质量的短视频，可以有效吸引并触达目标用户，实现"增粉"，并通过与用户的进一步互动，增强用户黏性。
- **营销转化效果好**：抖音提供多种变现方式，如直播带货、短视频带货、短视频创作奖励等，为用户的转化提供了便利。
- **精准推送**：抖音利用大数据算法分析用户兴趣爱好，实行精准的个性化推荐机制，可以有针对性地推送用户感兴趣的短视频，实现"千人千面"，提高了营销的精准性。

2. 快手

快手是短视频营销平台的代表平台之一，其产品逻辑是给每位用户公平的曝光机会，鼓励用户上传各类真实、有力量的原创生活短视频。

（1）用户画像

《2023快手用户价值洞察报告——洞见成长中的百样人生》显示，当前，快手的人均单次使用时长高达8.2分钟，意味着短视频有较多的曝光机会。图5-1所示为快手用户的年龄和城市分布等情况。在内容偏好上，30岁及以下的用户以女性用户居多，其更偏好美妆、才艺达人、时尚穿搭、母婴、亲子、二次元方面的内容；31～50岁的用户更偏好房产家居、金融财经、科技科普、汽车、运动健身、旅游相关的内容，且具有较强的奢侈品消费能力；51岁及以上人群，更偏好美食、健康、宠物、时尚穿搭、旅游等内容。

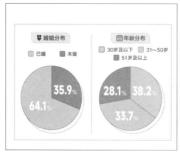
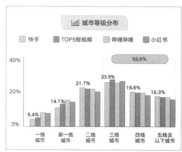

图 5-1

（2）平台优势

相较于抖音，快手更强调多元化、平民化，实行"流量普惠"策略，将更多的流量分配给普通用户，鼓励用户创作内容，并保护他们的权益。同时，快手对短视频营销的支持力度也相对较大，这使得其获得了大量普通用户的支持，具有较高的用户信任感和黏性。

3．哔哩哔哩

哔哩哔哩简称B站，早期哔哩哔哩是一个创作和分享动画、漫画、游戏内容的视频网站，经过多年的发展，其视频内容已扩展至短视频、直播、影视等领域，是比较优质的短视频营销平台。图5-2所示为哔哩哔哩的相关页面。

图 5-2

（1）用户画像

哔哩哔哩是一个年轻人高度聚集的、涵盖多个兴趣圈层的多元文化社区和视频分享平台，用户群体年轻化的特征明显，以"90后"和"00后"为主，用户群体的文化程度普遍较高，有着较强的创新意识和创造能力。

（2）平台优势

哔哩哔哩以弹幕（观看视频时弹出的评论性字幕）引领社交潮流，相较于其他短视频营销平台，具有以下优势。

- **实时互动**：哔哩哔哩通过弹幕连接处于不同时空的用户，给用户营造一种实时互动的感觉，满足用户的社交和互动需求。

- **观看体验良好**：哔哩哔哩的视频广告较少，能给用户带来优质的观看体验。

- **学习属性强**：哔哩哔哩拥有许多独家的正版视频资源，以及众多高质量、多元化、流行化的视频，且学习资源丰富、优质，涵盖学科课程和专业技术领域，为用户的学习提供了便利。

4. 小红书

小红书是一个生活方式分享平台，也被称为"种草平台"。在小红书上，用户可以发布笔记（包括文字、图片、视频等形式）分享自己的生活点滴，包括时尚穿搭、护肤、运动健身、彩妆、旅行、美食、家居家装等多个方面，并能与具有相同或相似兴趣爱好的用户互动，进而带动消费。随着短视频的蓬勃发展，小红书也紧跟时代发展潮流，增加短视频功能，并将短视频作为未来发展的重点方向。图5-3所示为小红书的短视频页面。

图5-3

（1）用户画像

千瓜数据公布的关于小红书用户画像的总结报告显示，小红书月活跃用户数已突破2

亿人。在性别分布上，女性用户占主导地位；在年龄分布上，18～34岁的用户占比超过70%；在城市分布上，用户主要分布在广东、上海、北京等一线城市。

（2）平台优势

基于小红书的"种草"属性，用户可以浏览大量达人总结的"种草攻略"和其他用户的"拔草心得"。这些攻略和心得大多来源于他人的直接经验，真实性强，具有较强的说服力，不仅容易引起具有相似经历的用户的共鸣，还有利于获得用户的信任。

高手秘技

> 微信视频号也是目前较为火热的短视频营销平台。用户可以直接通过微信视频号发布时长为3～60秒的短视频，或是9张及以内的图片，甚至可以添加地理位置和微信公众号文章链接进行营销。

【任务实践】选择短视频营销平台

考虑到自身情况，阿明打算拍摄三农方向的短视频。他挑选了3个主流的短视频营销平台作为备选，分别是抖音、快手、哔哩哔哩，并计划在这些平台开展营销。在此之前，他需要了解这些平台上三农方向短视频的发展情况，选择条件更有利的平台（如达人数、用户对三农短视频的需求程度等、政策支持）作为最终的营销平台。

1. 实践要求

（1）利用各种工具搜索各平台关于三农方向短视频发展情况的数据报告。

（2）搜索各平台关于三农方向扶持计划的信息。

2. 实践步骤

（1）搜索抖音三农方向短视频的发展情况。在浏览器中搜索"抖音三农数据报告"，查看搜索结果。这里选择蝉妈妈发布的《抖音三农行业分析报告》，由该报告可知，抖音三农达人的数量占比不低（0.27%），用户对三农短视频的内容需求还处于增长期，图5-4所示为该报告的部分截图。在浏览器中搜索"抖音三农扶持计划"，查看搜索结果，如图5-5所示。由搜索结果可知，抖音给予了三农方向的短视频大量的流量扶持，扶持力度大。

图 5-4

图 5-5

（2）搜索快手三农方向短视频的发展情况。在浏览器中搜索"快手三农数据报告"，在搜索结果中单击"2023快手三农生态数据报告"超链接，查看报告详情。由报告可知，当前快手三农生态蓬勃发展，且官方扶持力度大，部分截图如图5-6所示。

（3）搜索哔哩哔哩三农方向短视频的发展情况。在浏览器中依次搜索"B站三农短视频""哔哩哔哩三农扶持计划"，查看搜索结果，如图5-7所示。依次单击标题超链接查看详情，可知三农方向的短视频在哔哩哔哩有较大的发展潜力，但整体环境不明朗，同时哔哩哔哩对三农方向的短视频虽有所扶持，但扶持力度与抖音、快手相比，稍显不足。

（4）确定短视频营销平台。在三农短视频的发展情况方面，抖音、快手的三农生态更好，不管是三农短视频达人、短视频发布数量等都较多，用户的内容需求旺盛。在平台扶持方面，抖音、快手的扶持力度更大，对三农方向短视频的发展更为有利。最终，阿明选择在抖音、快手布局，开展多平台营销。

图 5-6

图 5-7

任务二　短视频营销内容策划

在研究了许多成功的短视频营销案例后，阿明意识到，只有优质的短视频营销内容才能打动用户，并获得成功。于是他转变营销思路，将营销重点放在内容策划上，以内容驱动账号粉丝增长。

【相关知识】

（一）短视频账号定位

账号定位是短视频营销的基础，清晰的账号定位有利于锁定目标用户、明确内容创作方向，突出账号优势和特色，建立起独特的账号形象。

- **用户定位（给谁看）**：短视频营销的前提是了解目标用户的需求和喜好，以便开展精准营销。定位时，首先需要确定用户的基本需求（如休闲娱乐、获取知识技能、提升自我归属感、寻求消费指导等）；接着需要获取用户的基本信息，根据用户的基本信息建立清晰的用户画像。
- **内容定位（看什么）**：短视频的内容定位非常重要，是短视频营销的重要组成部分。可以根据用户需求、品牌本身的定位或业务需求进行内容定位。对个人而言，可按照以下流程定位：分析自身条件→根据特长和知识技能确定 2～3 个细分领域→搜索该领域优秀达人账号→模仿、学习→发布并分析不同细分领域短视频播放数据→最终确定内容定位。

（二）短视频选题策划

短视频选题就是对短视频营销内容的设想和构思，好的选题是短视频营销内容的质量保证，能有效提高短视频的播放量、点赞量和转发量等。

1. 选题的类型

不同的选题类型可以吸引不同的用户、传递不同的信息，并产生不同的营销效果。

- **常规选题**：常规选题是指记录日常生活、工作、学习状态等内容的选题。常规选题的来源主要有两个途径：一是日常生活、工作、学习、娱乐时的记录，包括场景、技能和状态等；二是相似定位账号的短视频，通过观看他们的短视频从中获得选题灵感。
- **热点选题**：热点选题一般是指与账号定位有关联的热点事件，可以在各大短视频营销平台的热搜榜单中查看。一般来说，根据热点选题创作短视频营销内容时，应尽量在热点出现后 2 小时左右就完成创作和发布，以获得足够的热度。
- **系列选题**：系列选题一般是围绕某中心选题连续策划多个短视频，不同短视频的选题不同（如进城卖农货系列短视频），但短视频之间具有关联性和连续性。策划系列选题时，应有完整的规划，既要确保每一个短视频营销内容的选题不脱离中心选题，又要确保短视频营销内容的选题具有新意。

2．确定选题的原则

选题的确定看似随意，实则有规律可循，一般来说，确定短视频选题的原则如下。

- **符合规则**：短视频选题符合短视频平台的规则，不涉及短视频平台明确规定的违规内容。
- **符合定位**：短视频选题和账号定位相匹配，确保短视频内容和品牌形象的一致性，提高用户对品牌的认知度。
- **体现创意**：短视频选题具有创意，能与以往内容、其他短视频账号发布的内容区别开来，持续引发用户的兴趣，增强用户黏性。
- **符合用户需求**：短视频选题以用户为中心，切中用户痛点，能引发用户的情感共鸣，并引导其将情感转化为行动。

3．创建选题库

从长远来看，短视频营销是一个持续的过程。为此，可以建立选题库，将选题分类整理并存储到选题库，以便需要时快速查找选题，梳理策划思路，提高工作效率。

（1）收集选题素材

丰富的素材不仅可以为选题的策划提供更多的创意来源，还可以激发创作的灵感和想象力，从而创作出更有趣和有吸引力的选题。

- **收集身边的选题素材**：从长远来看，收集选题素材不在于一朝一夕，而在于日积月累。在收集时，可以将身边的人、事、物，以及每天接收到的外部信息作为选题素材，这种收集方式不仅容易、便捷，而且也便于理解和记忆。
- **借助工具收集选题素材**：借助工具收集选题素材的效率较高，可以快速收集到大量的选题素材，节约时间。常用的收集工具有抖查查、新抖、卡思数据、百度热搜、头条热榜、知乎热榜、微博热门话题、抖音热榜、百度指数、哔哩哔哩排行榜、快手热榜和微视热榜等，根据需要选择合适的收集工具，可以提高收集效率。

（2）录入选题信息

收集到选题素材后，便需要筛选选题素材，提取有用的选题素材，剔除不符合账号定位、不符合平台规则的选题素材。然后记录选题名称、选题类型、选题理由、选题构思、选题素材来源等相关信息，并对选题素材归类，分类存入选题库中。

（3）定期更新选题库

市场在变，用户需求也会随之发生变化，选题库中的选题可能会过时。因此需要定期更新选题库，不断加入新的选题素材，并删除过时的选题素材，以便随时调用。

（三）短视频内容策划

短视频的时长较短，要想在较短的时间内为用户呈现精彩的内容，快速吸引用户的注意，就需要对短视频的内容进行精心策划。

1．选择短视频内容领域

确定短视频的内容领域可以快速缩小内容选择范围，缩短策划时间。通常来说，选择与品牌定位高度相关且资源丰富的领域，更有利于后续工作的开展。

- **美妆领域：** 近年来，美妆领域成为短视频营销的一条重要赛道。该领域的细分领域有化妆教程、仿妆系列、化妆品或彩妆推荐、化妆品测评等。
- **情感领域：** 情感内容通常能够调动用户的情绪，引发其共鸣，从而促使短视频获得良好的数据，如高播放量、高点赞量和高转发量。该领域的细分领域主要有个人情感经历分享、情感知识经验分享、正能量事件或人物分享（见图 5-8）、情感语录、情感话题探讨（如婚姻、相亲、恋爱）等。
- **宠物领域：** 该领域的短视频内容通常以萌趣可爱的宠物为主角，易吸引一大批爱宠人士的关注。其细分领域主要有日常记录、宠物剧情、宠物食品测评、宠物知识科普等。
- **美食领域：** 该领域的短视频内容通常以展示美食制作过程、美食展示、美食探店等为主。
- **才艺展示领域：** 该领域的短视频内容一般以突显个人才艺为主，其细分领域主要有唱歌、跳舞、乐器、插画和茶艺等。
- **游戏领域：** 该领域的短视频内容通常围绕游戏展开，具体表现为游戏视频、游戏直播、游戏解说和游戏达人的日常生活等。
- **服装领域：** 该领域的短视频内容通常围绕展示自我穿搭和解决他人服装穿搭问题展开，其细分领域主要有今日穿搭分享、服装搭配方案、不同身材穿搭、服装测评等。图 5-9 所示为服装测评的短视频内容。
- **健身领域：** 随着我国公民健身意识的增强，越来越多的人自发投入健身领域。健身领域的短视频内容围绕健康和身体锻炼展开，其细分领域主要有健身动作教学、跟练、打卡、瘦身教程、形体矫正等。
- **职场领域：** 该领域的短视频内容围绕职场中发生的事件展开，由于比较贴近日常生活，容易引起职场人士的共鸣。其细分领域主要有求职经验分享、面试心得分享、技能提升指南、职场好物分享、下班日常等。图 5-10 所示为与职场面试有关的短视频内容。
- **母婴领域：** 该领域的短视频内容主要围绕母婴生活展开，其细分领域主要有生活日常分享、育儿知识分享、母婴好物分享、健康知识科普等。

图 5-8   图 5-9   图 5-10

2. 确定短视频内容的表现形式

短视频内容的表现形式，即短视频最终呈现在用户面前的内容形式，是短视频营销中的关键因素。根据制作方式和出镜主体的不同，短视频内容的表现形式不同。

（1）真人解说

真人解说通常由真人出镜（或不出镜）向用户讲解各种知识，如特定领域的专业性内容、热点讲解等，其讲解的内容一般对用户有一定的价值。真人讲解多是对已有素材的加工，因而需要在解说的基础上突出个人特色，体现个人的独特风格和人物标签，同时还要着重注意版权问题，以免产生侵权行为。

（2）微纪录片

微纪录片一般以真实生活为创作素材，以真人真事为改编对象，对其进行艺术性的加工并展现出来，能够引发用户的思考。与传统纪录片相比，微纪录片更加紧凑、生动，且时长更短，通常在几分钟到十几分钟，很容易引发用户的共鸣。

（3）图文拼接

图片拼接是将图片作为短视频的素材，并辅以背景音乐的表现形式。图文拼接短视频的制作较为简单，通常使用短视频营销平台自带的视频模板制作，在制作时只需要将图片和文字导入模板，替换模板中的图文，便可完成制作。图 5-11 所示为抖音的一键成片制作页面，使用该功能可以快速生成图文拼接短视频。

（4）剧情演绎

剧情演绎就是通过短视频向用户展示一段完整的故事。其可以是对真实故事的改编，也可以是虚构的故事，但都需要引起用户的共鸣。

（5）生活记录

记录日常生活的内容是目前非常热门的短视频内容表现形式，如旅游见闻、日常吃喝、工作日常、生活琐事（见图 5-12）等，具有叙述自然、真实、贴近用户日常生活的特点，容易吸引大量用户的关注。

图 5-11

图 5-12

3．确定短视频内容风格和创意

短视频的内容风格多种多样，如幽默搞笑、轻松活泼等（详见项目二）。无论哪种风格，内容质量始终是短视频营销的关键，而要提高短视频的内容质量，创意是不可或缺的。

- **利用视觉冲击**：一般利用色彩的强烈对比、炫酷的画面特效等来制造视觉冲击效果。这种创意方式容易给用户带来强烈的刺激感，让人记忆深刻。
- **内容反转**：一般利用反差制造强烈的冲突，以形成戏剧化效果，常见的反转有剧情反转、人物形象反转、人物身份反转等方式。例如，某宠物短视频中，宠物对待男女主人行为的前后反差，让人哭笑不得。
- **运用高新技术**：这种创意方式一般是在短视频中展示或运用大数据技术、人工智能技术、AR技术、VR技术等，带给用户强烈的沉浸感，创造更加真实的互动体验，优化用户的观看体验。
- **结合市场热点**：这种创意方式要求了解当前社会热点事件或流行趋势，并将其融入短视频内容中，提高短视频的传播度和影响力。
- **制造悬念**：这种创意方式通常是在短视频内容的开头埋下伏笔，用来预告内容亮点或制造悬念，让用户产生期待，从而继续观看短视频。
- **身份代入**：这种创意方式是让用户代入特定角色和情境，体验和感知短视频内容中的情感故事等，容易使用户感同身受。

4．策划短视频内容脚本

短视频内容脚本是短视频内容的提纲和框架，能够为后续的拍摄、剪辑和道具准备等工作提供流程指导。

（1）确定短视频内容时长和拍摄地点

内容时长是影响短视频节奏和表达的关键因素，不同的拍摄地点也会为短视频带来不同的视觉效果和情感氛围，因此在策划脚本时应明确。

- **内容时长**：这里的短视频内容时长一般指短视频的成品时长，对此在脚本中进行明确可以为后期剪辑提供指导。一般来说，短视频内容的时长在几十秒至几分钟不等，需要能够完整表达信息。
- **拍摄地点**：不同的拍摄地点对布光、演员和服装等的要求不同，提前确定拍摄地点可以在一定程度上规避可能由布光、演员等导致的问题，也有助于短视频内容的填充。

（2）规划内容框架

规划内容框架，主要是对内容细节以及表现方式进行详细的规划，包括人物、场景、事件以及转折点等，力求展现短视频的内容主题。例如，在华为宣传5G-A的短视频中，其通过对人物、场景、事件的规划搭建起了内容框架。

- **人物**：正在逛街的女生、正在与数字人对话的女生、通过电视观看赛车的男生、头戴AR设备的男生等。
- **场景**：人来人往的街道、真人和数字人的交流场景、休闲娱乐场景、AR体验场景等。
- **事件**：女生正在逛街，在手机上看到有趣的内容，用手轻轻捏住将其拉出屏幕，一只鸟从屏幕中飞出来；女生与几个数字人共处一个空间，大家正在认真交流……

（3）填充内容细节

细节可以打动人心，因此内容框架中需要填充细节，增强视频的吸引力和感染力。以华为宣传 5G-A 的短视频中女生逛街的场景为例。

- 女生走在人来人往的街上，突然拿起手机。
- 低头一看，微笑了起来。
- 一只手伸向屏幕，拇指和食指呈捏东西的状态，屏幕的中间被拉起。
- 一只绚丽的鸟儿被缓缓拉出屏幕，最终完全脱离屏幕，在屏幕上方扇动着翅膀，看起来很高兴的样子。

（4）内容排序

内容排序是指将整体的内容按照拍摄顺序排列，梳理清楚内容的脉络，并详细划分镜头。仍以华为宣传 5G-A 的短视频为例。

- 镜头 1，走在街上的女生。
- 镜头 2，一只手将屏幕中的鸟儿拉出来。
- 镜头 3，女生走近 3 个数字人，这些人（包括该女生）的头上浮现出各自的名字，大家热情交流。
- 镜头 4，……

（5）确定镜头时长

每个镜头的时长不一，为了不超出短视频内容的整体时长上限，使内容详略得当，需要根据内容的发展过程确定每个镜头的时长。明确的镜头时长也方便后期剪辑人员剪辑和处理短视频，提高工作效率。

（6）确定镜头景别

景别即场景区别。短视频中，景别通常分为远景、全景、中景、近景和特写 5 种，不同的景别可以表现不同的人物特征以及情绪等，如图 5-13 所示。

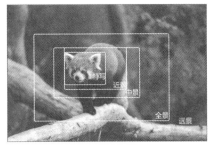

图 5-13

- **远景：** 适合展现辽阔的大自然、宏伟的建筑群、盛大活动场面、室内整体布局。
- **全景：** 主要用来展现拍摄对象的全貌，明确画面中心，阐释拍摄对象与环境之间的关系。
- **中景：** 重在表现拍摄对象的动作，叙事功能较强，可用在对话、动作和情绪交流的场景中。
- **近景：** 用于展示拍摄对象的细节，必要时（如背景过于杂乱）可虚化背景。
- **特写：** 常用于展示拍摄对象的局部细节，以更好地展现拍摄对象的细微特征。

（7）明确拍摄方式

拍摄方式主要分为两个方面，包括镜头的运动方式和机位。灵活变化镜头的运动方式，并合理安排机位，可以增强短视频的效果。

- **固定镜头**：在拍摄过程中，摄像设备的机位和镜头焦距都固定不变，而被摄对象可以是静态的，也可以是动态的，常用于对话场景及风景、建筑等静态场景的拍摄。图5-14所示为采用固定镜头拍摄的画面。

图5-14

- **推镜头**：被摄对象不动，摄像设备匀速接近并向前推进，取景的范围由大变小，形成由远及近、连续递进的视觉前移效果。推镜头不仅可以渲染气氛，还可以突出画面细节、增加画面层次。
- **拉镜头**：拉镜头与推镜头相反，其取景范围由小变大，通过摄像设备逐渐远离被摄对象，给用户带来开阔的观感。图5-15所示为采用拉镜头拍摄的画面。

图5-15

- **摇镜头**：摄像设备的机位不动，以机位为轴心，或垂直或水平匀速转动镜头，类似于人转动头部环顾四周，主要用于表现被摄对象的运动方向和轨迹等。图5-16所示为采用摇镜头拍摄的画面。

图5-16

- **移镜头**：沿水平方向移动镜头，通过稳定器、交通工具等辅助工具拍摄运动的画面，摄像设备同被摄对象一起移动。移镜头的好处在于能带给用户一种身临其境之感。

镜头的运动通常与机位的变化相互配合，常见的机位有正面、侧面、俯拍、仰拍等。不同的机位拍摄效果截然不同，具体可以根据画面需要选择。

（8）确定台词

台词包括人物对话台词、人物内心独白等。好的台词不仅可以增强画面表现力，起到画龙点睛、助推剧情的作用，还可以传递重要信息和传递情感。在确定台词时，需要根据不同的场景和镜头配置合适的台词，且台词要精练、具备感染力、能充分表达短视频内容。

（9）确定配乐

短视频内容的表达往往离不开配乐，恰当的配乐可以起到烘托氛围、渲染情绪等作用，选择时应根据具体内容而定。在短视频内容脚本中确定配乐时，不用特意指定某首乐曲，只需指出配乐的风格或类型，如欢快的音乐、电流的声音。

（10）撰写短视频内容脚本

短视频内容脚本通常以分镜头脚本的形式呈现。分镜头脚本主要以文字的形式直接表现不同镜头的短视频画面，主要项目包括镜头、景别、拍摄方式、画面内容、台词、配乐和时长等，如表 5-1 所示，能够表现对短视频画面的构想。

表 5-1

镜头	景别	拍摄方式	画面内容	台词	配乐	时长
1	近景	俯视镜头	走到水果店摆放榴莲的地方	一来就看到了这个榴莲，标准的好果型	开心的音乐	3 秒
2	近景	俯视镜头	拎起榴莲放到称重器上，并查看称重数字	来看一下有多重，刚好 5 斤半，带走		3 秒
3	近景	俯视镜头	将榴莲放在桌面上，多角度展示榴莲	刚好 6 房		3 秒
4	近景	俯视镜头	打开榴莲，并取出果肉	好多肉，胖乎乎的		15 秒
5	近景	俯视镜头	展示所有取出的果肉	这个榴莲应该是近期到到的最好的了		3 秒
6	近景	俯视镜头	咬一口果肉	干包黄肉口感很不错，很甜		2 秒
7	近景	俯视镜头	掰开果肉近距离展示	看，真的很不错		2 秒

短视频内容时长：31 秒

【任务实践】

实践 1——明确短视频账号定位

三农所涉及的细分领域众多，仅将账号定位为三农账号不足以凸显账号特色，因此阿明需要进一步做好账号定位，明确内容的细分领域。考虑到同一领域短视频账号的目标用户相差不大，阿明将根据三农达人的粉丝画像确定目标用户，做好用户定位，最后根据自身的身份和特长做好内容定位，为开展精准营销做好账号准备。

1. 实践要求

（1）根据三农达人的粉丝画像做好用户定位。

（2）根据阿明的身份和特长做好内容定位。

2. 实践步骤

（1）查看粉丝画像。首先，使用灰豚数据搜索并查看三农短视频达人的粉丝画像。登录灰豚数据，在主页面左侧选择"达人排行榜"选项（见图5-17），在"达人分类"栏中选择"三农"选项，查看排名前10的三农达人的粉丝画像，然后总结其粉丝的主要分布地区、性别比例、年龄分布信息，如表5-2所示。

图5-17

表5-2

三农达人	粉丝主要分布地区	粉丝性别比例	粉丝年龄分布
蜀××	四川、广东、江苏	女性居多，占比超80%	25～30岁居多
康××	广东、广西	女性居多，占比超70%	18～24岁居多
乡××	广东、浙江、江苏	女性居多，占比54%左右	31～40岁居多
张××	山东、浙江、江苏	男性居多，占比90%	25～30岁居多
闲××	广东、福建、江苏	女性居多，占比55%左右	31～40岁居多
大××	广东、江苏、浙江	男性居多，占比60%	31～40岁居多
川××	四川、广东、浙江	女性居多，占比70%左右	31～40岁居多
念××	广东、四川、贵州	女性居多，占比超70%	31～40岁居多
麦××	河南、山东、江苏	女性居多，占比70%	31～40岁居多
远××	广东、四川、江苏	女性居多，占比53%	50岁以上居多

（2）确定用户定位。根据表5-2可知，三农领域的目标用户是：生活在广东、江苏、浙江、四川等地的25～40岁的女性用户。

（3）确定内容定位。根据阿明的身份和特长可知，阿明是一个返乡创业的年轻人、水产养殖户，且擅长制作美食，由此初步确定3个细分领域：返乡创业者、水产养殖户、美食制作。反复测试后，阿明最终确定以美食制作为主要内容方向。

实践2——做好短视频内容的选题策划

经过一段时间的积累，阿明的短视频账号有了一定的人气。生活化的场景、细腻温情的画面、充满文艺气息的文案，成为阿明的短视频的一大亮点。近日，阿明去了爷爷奶奶家，看到奶奶在灶边忙活的场景，小时候同样的场景浮现在他的眼前，那碗热气腾腾的面也让他记忆犹新。这一次，他想把这份感动，传递给大家。

1. 实践要求

围绕奶奶做饭的场景，确定短视频的选题。

2. 实践步骤

（1）确定选题类型。灶边做饭是农村生活的日常，属于常规选题。

（2）确定选题。阿明看望爷爷奶奶时，奶奶在灶边忙碌，那满腔爱意，经过灶火的烹饪，融化在飘荡的炊烟里，蕴含在带着暖暖热意的面里。这一幕，既是奶奶爱意的表现，也是无数长辈对自己孙辈喜爱之情的缩影；那一碗面既是爱的象征，也是无数离开家乡、漂泊在外的游子对过去的回忆，满足用户的情感需求。因此，可以将选题确定为"用这碗热气腾腾的面，敬你我她"。

实践3——策划短视频内容

在阿明的记忆里，奶奶通常会早早起床，用一把黢黑的火钳拨弄着炉灶中的柴火，让火燃得旺旺的。待锅中的水烧开后，便撒下一把挂面，然后继续拨弄柴火。而那时的阿明，总会蹲在门外，看那一缕缕炊烟，为屋外的翠竹蒙上一层层面纱，等待着开饭的那一刻。如今，一切依旧，只是当时的人都添上了岁月的痕迹，而恰好，他可以把这一幕刻画在视频里，细细回味。

1. 实践要求

（1）围绕奶奶清晨煮面的场景，策划短视频内容。

（2）将策划结果以分镜头脚本的形式呈现。

2. 实践步骤

（1）选择短视频内容领域。灶边煮面是烹饪食物的体现，因此可以选择美食领域的细分领域：美食制作。

（2）确定短视频内容的表现形式。奶奶在灶边煮面的这一幕，非常生动形象，也极具农村生活气息。同时，阿明的短视频本来就以生活化场景见长，因此，选择生活记录这一表现形式更为合适。

（3）确定短视频内容风格和创意。内容风格上，奶奶带着爱意在灶边煮面，是感情的自然流露，采用自然朴实的内容风格较为合适。创意上，既然是生活记录式的短视频，不管是主人公奶奶，还是炉灶、炊烟这些熟悉的元素，都很容易触及用户内心，引起有过农村生活经历的用户的共鸣，让其产生代入感。因此，选择身份代入这一创意形式更好。

（4）策划短视频内容脚本。

①规划内容框架。结合"奶奶""炉灶""柴火""挂面"等关键信息，可将内容规划如下。

- **人物**：奶奶。
- **场景**：奶奶在灶边煮面。
- **事件**：清晨，奶奶在炉灶边忙活着，为孙子煮一碗带着爱意的热气腾腾的面。

②填充内容细节。将奶奶在炉灶边煮面的场景细节化，如"奶奶坐在炉灶边，用一把

黝黑的火钳拨弄着炉灶中的柴火，柴火在熊熊燃烧。火星洒落在草木灰上，闪烁着红色的光。奶奶一只手拿着一包挂面，另一只手从中捏出一把面慢慢地把面撒在锅里。奶奶用火钳继续拨弄柴火，盖着锅盖的锅里不断冒着热气。奶奶拿开锅盖，露出煮到沸腾的面条，拿了一双筷子把面弄散。屋外的烟囱不断吐出白烟，旁边的翠竹被蒙上一层层炊烟。屋里，奶奶往锅里下菜，并继续拨弄柴火，待煮熟后熟练地摆碗，从锅里捞起面条和菜，盛放在碗里"。

③ 内容排序。按照事件的先后顺序排序，部分如下所示。

- 镜头1，奶奶坐在炉灶边，用一把黝黑的火钳拨弄着炉灶中的柴火，柴火在熊熊燃烧。
- 镜头2，火星洒落在草木灰上，闪烁着红色的光。
- 镜头3，奶奶一只手拿着一包挂面，另一只手从中捏出一把面慢慢地把面撒在锅里。

④ 形成短视频分镜头脚本。根据以往的经验，阿明决定将本次短视频的内容时长控制在2分30秒以内，并以近景和固定镜头为主进行拍摄，在短视频开头和结尾配上内心独白，并配上舒缓的音乐，具体如表5-3所示。

表5-3

镜头	景别	拍摄方式	画面内容	台词	配乐	时长
1	近景	固定镜头侧面拍摄	奶奶坐在炉灶边，用一把黝黑的火钳拨弄着炉灶中的柴火，柴火在熊熊燃烧	不知道记忆中有没有什么总是让你想念的	舒缓的纯音乐	7秒
2	近景	固定镜头侧面拍摄	火星洒落在草木灰上，闪烁着红色的光	而我想念的		5秒
3	近景	固定镜头侧面拍摄	奶奶一只手拿着一包挂面，另一只手从中捏出一把面慢慢地把面撒在锅里	便是奶奶做的那碗普通而又美味的面		5秒
4	特写	固定镜头侧面拍摄	拨弄柴火的火钳，以及闪着火光的灶口			4秒
5	近景	固定镜头俯视镜头	锅盖四周冒着热气			5秒
6	近景	固定镜头侧面拍摄	奶奶拿开锅盖，露出一锅热腾腾的面条，用筷子把面弄散			19秒
7	中景	固定镜头侧面拍摄	屋外的烟囱不断吐出白烟			8秒
8	中景	固定镜头仰视拍摄	屋旁的翠竹被蒙上一层层炊烟			7秒
9	近景	固定镜头侧面拍摄	奶奶往锅里下菜			19秒
10	近景	固定镜头侧面拍摄	拨弄柴火的火钳			17秒
11	全景	固定镜头正面拍摄	奶奶将碗摆放在灶头			6秒
12	近景＋特写	固定镜头侧面拍摄	奶奶从锅里捞出面条和菜，盛放在碗里			24秒
13	近景＋特写	固定镜头侧面拍摄	碗里不断被盛上面条和配菜，挨个给碗里添汤	愿这碗面，也能给你一丝温暖的慰藉		3秒
14	中景	固定镜头仰视拍摄	屋外的翠竹，被青烟拂过			5秒

短视频内容时长：2分14秒

任务三　短视频营销推广

鉴于当前短视频账号粉丝的增长较为缓慢，阿明打算借助一定的策略和方法推广短视频，以提高曝光度，获得更多用户的信任，谋求更好的发展。

【相关知识】

（一）短视频营销策略

随着越来越多的个人和企业利用短视频开展营销，用户的需求也在不断变化和升级，要形成独特的营销优势，需要采用有针对性的营销策略。

1. 人无我有、人有我优

人无我有、人有我优是一种具有创新性的营销策略，要求短视频的内容、形式等突破既有的思维方式，通过独特性和创新性打动用户。采用这一策略可以有效吸引用户的关注和兴趣，获得病毒式的传播效果。

- **人无我有**：采用与众不同的创意和视角，避免与大多数短视频内容雷同。这需要对用户的需求和痛点有深入的了解，并从中挖掘出有效信息。例如，端午节，当很多短视频营销平台都在重点营销端午节的龙舟比赛时，某平台另辟蹊径，从传统文化入手，推出了水下传统舞蹈。
- **人有我优**：通过不断提高短视频的质量和创新性，以超越同类短视频。这对短视频的制作要求较高，不论是内容策划，还是拍摄、剪辑，每一步都要求精益求精。例如，同样是营销农产品的短视频，某达人通过提高视频清晰度、灵活使用拍摄技巧和剪辑技巧，使短视频的质量得到大幅度的提升，获得了众多用户的喜爱。

2. 干货输出

干货输出即重在向用户分享有价值的内容，一般是无偿的或者用户需要付出的成本较少。一般来说，有价值的内容可以为用户带来一定的利益，因此更容易获得青睐。

- **专业化的内容**：专业化的内容能够为用户提供准确、权威和有深度的信息，提高用户的认知和技能水平，如时尚穿搭、语言学习等。
- **实用性的内容**：能够实实在在解决用户遇到的困难的内容，如收纳技巧、装修建议、"满减"凑单技巧等，容易受到用户的喜爱，用户会完整观看，甚至转发。
- **可信度高的内容**：短视频营销要良性发展，就要吸引用户持续深度参与，通过给出可信度高的内容，给予用户真实帮助，提高用户的信任度。

3. 多元化植入

短视频营销中，营销信息的植入是必要的，然而，如果植入不当，就很容易引起用户的反感。因此，采用多元化的植入方式是非常重要的。

- **台词植入**：通过演员的台词，将品牌或产品信息等直白地传达给用户，增进用户对产品或品牌的了解。

- **道具植入：** 将产品作为一种道具，并呈现在短视频画面中，但注意不要喧宾夺主。
- **场景植入：** 将产品作为场景的一部分，这种植入方式较为自然，不影响短视频内容的连贯性，以及用户的观看体验。

4. 多渠道营销

短视频营销过程中，如果在某一短视频营销平台缺乏人气，或想拓宽营销渠道等，可以在其他渠道（如朋友圈、微信群、微博等）通过问答、评论、发布文章、发布短视频等方式扩大短视频的影响力，将用户引向短视频营销平台。

5. 增强互动体验

增强互动体验是指在短视频营销过程中，积极与用户保持互动和沟通，关注用户的体验，并根据他们的需求提供更多体验的手段。一般来说，用户体验越好，营销效果就越出众。

该策略的实施前提是具有多样化的互动渠道，能够支持众多用户参与互动。同时，为了提升用户的体验，建立更牢固的关系，需要综合设计短视频的体验方式。如通过镜头、画面、拍摄、构图、色彩等专业手法制作短视频，为用户提供良好的视觉体验；用贴心的元素、贴近用户的角度、日常生活中的素材制作短视频，提升用户的情感体验等。此外，在保证短视频本身具有互动性的基础上，还需要通过平台与用户保持直接的互动，包括引导用户评论、转发和点赞等，让用户可以表达自己的看法和意见，增强其参与感。

素质课堂

营销人员应当树立正确的商业道德观念，在掌握市场规则的基础上，制定合理的营销策略，不夸大营销，也不恶意诋毁竞争对手，助推公平竞争秩序的建立。

（二）短视频推广方法

短视频推广意味着将短视频传播给更多的用户，这可以有效扩大短视频的传播范围和提高短视频的曝光度，进而促进营销目标的实现，为短视频营销的长远发展打下基础。

1. 免费推广

免费推广是一种较为高效的短视频推广方法，其利用各种免费渠道和平台特性来扩大短视频的传播范围，但前提是需要对平台特性和用户行为有深入的了解。

（1）利用平台推荐机制

主流的短视频营销平台基本都有各自的推荐机制，大体可以总结为"初审→初始推荐→根据用户反馈扩大推荐范围或停止推荐"。如果短视频本身的质量较高，可以利用这一机制推广短视频。

（2）参加平台活动

如果短视频本身的质量不高，且短视频账号缺乏人气，可以参加平台的官方活动获取热度。这些官方活动的热度通常较高，参加时需根据活动要求制作短视频，以获得流量。在抖音首页点击 ☰ 按钮，在打开的侧边栏中点击"活动中心"选项可查看活动并参与活动，如图 5-18 所示。

图 5-18

（3）参加其他账号举办的活动

一些知名品牌经常会在短视频营销平台开展挑战赛，因此推广短视频时可以以参赛者的身份参加挑战赛，借助挑战赛的热度，提高短视频账号的曝光度，进而吸引用户关注短视频内容。

高手秘技

营销人员还可以在微信、微博、今日头条等平台发布短视频，并利用这些平台推广短视频。例如，将短视频发布到微信朋友圈、微信群等，并引导微信好友和群成员转发短视频；或者将短视频发布到微博，然后点击短视频右上角的　按钮，点击"推广"选项，选择合适的方式推广短视频。

2. 付费推广

付费推广是合理利用各种付费推广工具，提高短视频曝光度的推广方式。不同的短视频营销平台通常提供了相应的付费推广工具。

（1）DOU+

DOU+是抖音官方推出的付费推广工具，使用DOU+推广的短视频不会有广告标识，不容易引起用户的反感。DOU+会根据设定的推广目标给出套餐价（见图 5-19），也支持自定义设置。直接使用提供的套餐，比较简单快捷，如果想要设置更多的项目，如目标用户的性别、年龄等，让推送更加精准，则可以进行自定义设置。

（2）快手粉条

快手粉条是快手官方推出的付费推广工具，用于提高短视频在快手内的曝光度，可用于快速获取精准用户。快手粉条分速推版和标准版两个版本，其中，速推版支持一键式下单，实现低成本快速投放，如图5-20所示；标准版支持更多投放设置，可以满足"涨粉"互动、推广门店、预热直播、推广直播、粉丝经营等差异化营销诉求。

（3）薯条推广

薯条推广是小红书官方推出的付费推广工具，有内容加热和营销推广两种形式。其中，内容加热主要面向个人，支持投放非营销属性的优质内容，助力账号成长；营销推广面向企业及个人，支持投放具有商业属性的内容，助力生意增长。图5-21所示为薯条推广设置页面。

图 5-19

图 5-20

图 5-21

【任务实践】使用 DOU+ 和快手粉条营销推广短视频

阿明准备将制作好的短视频发布到抖音和快手，以提高短视频的曝光度，获得良好的营销效果。同时，阿明计划利用 DOU+ 和快手粉条营销推广短视频，其中，DOU+ 营销推广费用为 100 元，快手粉条为 20 元。为了将短视频精准推送给目标用户，阿明将采用 DOU+ 自定义版。

微课：使用
DOU+ 和快手
粉条营销推广
短视频

1. 实践要求

（1）使用 DOU+ 自定义版营销推广短视频。

（2）使用快手粉条营销推广短视频。

2. 实践步骤

（1）在抖音发布短视频。打开抖音主页面，点击▣按钮，在打开的页面中点击"相册"选项，进入相册，并选择制作好的短视频（配套资源：\项目五\素材\灶边煮面.mp4），

点击两次 下一步 按钮，如图 5-22 所示。打开发布页面，输入作品描述，这里直接输入"用这碗热气腾腾的面，敬你我她"，如图 5-23 所示，点击 发布 按钮发布短视频。

图 5-22   图 5-23

（2）使用 DOU+ 自定义版营销推广短视频。观看发布的短视频，点击 ••• 按钮，在打开的"分享给"页面中点击"上热门"选项。打开"DOU+ 上热门"页面，在"我想要"栏中点击"粉丝量"选项。在"我想选择的套餐是"栏中点击右上角的"切换至自定义"选项，该栏将切换为"我的推广设置是"，然后在该栏中设置投放人群为 24 ~ 40 岁的女性用户（范围接近即可），设置投放金额为 100 元，如图 5-24 所示。

图 5-24

（3）在快手发布短视频并使用快手粉条推广。采用和抖音发布短视频相似的方法，在快手发布短视频，其发布页面如图5-25所示。发布短视频后，点击"作品上热门"选项，打开"快手粉条"设置页面，设置希望提升项为"播放数"，选择20元的套餐，如图5-26所示。

图 5-25

图 5-26

【综合实训】多平台营销推广竹编产品短视频

1. 实训背景

竹之韵是一个竹编品牌，致力于传承和发扬中国竹编文化，将传统匠心工艺和现代设计理念相结合，打造出具有独特风格和精致工艺的竹编产品，其产品涵盖家具、装饰品、礼品等多个类别。为顺应短视频的发展潮流，竹之韵在多个平台开设了短视频账号，用于日常发布产品相关的短视频。其日常发布的短视频都直接展示产品，时长在30秒以内，拍摄场地均在样板间。近日，竹之韵推出了一套竹编多层提盒，有方形和圆形两种款式。为了提升产品销量，竹之韵将为该套产品制作短视频，在抖音（为主）、快手、小红书等平台利用其付费推广工具推广短视频，推广费用总计300元。该套产品的信息如表5-4所示。

表 5-4

项目	详细内容
产品名称	竹编复古多层提盒
产品基本信息	材质：竹子　　　　工艺：手工制作

续表

项目	详细内容
产品图片（部分）	（配套资源：\ 素材 \ 项目五 \ 竹编产品 \ 竹编产品 1.png、\ 素材 \ 项目五 \ 竹编产品 \ 竹编产品 2.png）
产品卖点	（1）选用优质竹材，漆色油润 （2）采用传统工艺，全程手工制作 （3）样式美观，复古精巧，带盖易打理 （4）使用场景多样：家中收纳、外出储物、装饰摆件、送礼礼盒等

2. 实训要求

围绕产品信息策划短视频选题和内容，要求突出产品卖点，内容以分镜头脚本的形式呈现。

3. 实训思路

（1）策划短视频选题。首先明确短视频的营销目的，即提升产品销量；然后考虑结合品牌的短视频账号定位（日常发布产品相关的短视频），确定短视频选题的类型；最后根据账号定位和使用场景确定选题，如"竹编复古多层提盒，家里的'百宝箱'"。

（2）策划短视频内容脚本。由于竹之韵的短视频基本是直接展示产品，这里可直接围绕产品卖点策划短视频分镜头脚本。首先明确短视频的内容时长（30 秒以内）和拍摄地点（样板间），然后规划内容框架（主角为产品，可根据使用场景确定拍摄场景和事件），再填充内容并对内容排序（可根据产品的外观、卖点来设计），最后完成其他内容的策划，形成短视频内容脚本。

（3）多平台发布短视频。将拍摄并制作好的短视频发布到抖音、快手、小红书等平台（配套资源：\ 素材 \ 项目五 \ 竹编产品 \ 竹编产品 .mp4），效果如图 5-27 所示。

图 5-27

（4）使用付费推广工具推广短视频。依次为短视频设置 DOU+、快手粉条、薯条推广，推广费用之和不得超过 300 元，DOU+ 的推广费用可稍高。

【思考与练习】

一、填空题

1. 主流的短视频营销平台有_____、_____、_____、_____。
2. 内容定位可以根据_____、_____进行。
3. _____是指记录日常生活、工作、学习状态等内容的选题。
4. _____一般围绕某中心选题连续策划多个短视频。
5. _____通常由真人出镜（或不出镜）向用户讲解各种知识。
6. _____一般利用反差制造出强烈的冲突，以形成戏剧化效果。
7. 推镜头的取景范围是_____的。
8. 干货输出的营销策略是_____，一般是无偿的或者用户需要付出的成本较少。

二、选择题

1.【单选】短视频营销的优势不包括（   ）。
    A. 符合用户的碎片化需求　　　　　B. 有效带动用户情感
    C. 易于传播　　　　　　　　　　　D. 强关系

2.【单选】以下关于抖音的说法不正确的是（   ）。
    A. 生活类、剧情演绎类的内容较受欢迎
    B. 营销转化只能依靠短视频带货
    C. 以 18～35 岁的用户为主
    D. 在地域传播上已突破国际边界

3.【单选】分镜头脚本的主要项目不包括（   ）。
    A. 镜像　　　　B. 景别　　　　C. 拍摄方式　　　D. 画面内容

4.【多选】抖音短视频的推广方法有（   ）。
    A. 参加平台活动　　　　　　　　　B. 利用 DOU+ 推广
    C. 利用平台推荐机制　　　　　　　D. 利用快手粉条

5.【多选】短视频营销内容的策划包括（   ）。
    A. 账号定位　　　　　　　　　　　B. 短视频选题策划
    C. 短视频内容策划　　　　　　　　D. 短视频营销策略策划

三、简答题

1. 简述短视频账号定位的方法。
2. 简述短视频选题策划的流程。
3. 简述短视频内容策划的项目。
4. 简述短视频营销的策略。
5. 简述短视频的推广方法。

四、操作题

1. 某家电品牌推出了新款的五谷杂粮破壁机，其卖点为：触摸屏操作、12 小时智能预约、11 项智能程序、一键自动清洗、高硼硅玻璃。该品牌现准备借助短视频营销该产品，请完成以下操作。

（1）根据营销目的和产品卖点策划短视频选题。

（2）围绕产品卖点策划分镜头脚本（配套资源：\ 素材 \ 项目五 \ 破壁机短视频分镜头脚本 .docx）。

2. 某宠物用品店推出了一批新猫粮，为营销这批猫粮制作了一支短视频（配套资源：\ 素材 \ 项目五 \ 猫粮 .mp4）。请完成以下操作。

（1）将该短视频分别发布到抖音和快手，并分享至微信朋友圈。

（2）使用 DOU+ 极速版营销推广该短视频，投放金额为 50 元。

3. 陈姨今年 50 多岁，曾经是一名裁缝，现在的乐趣是为孙女制作漂亮的衣服。由于手艺不错，她经常受到儿子、媳妇和朋友们的夸赞。近日，陈姨打算在抖音开设账号，营销自己的手艺，请为她做好账号定位。

项目六
直播营销

任务一　直播营销基础知识

对粟森而言，此次直播营销活动意义重大，其不仅能够带动本地品牌的发展，还能够推动传统文化的传播，因此粟森需要谨慎对待，做好直播营销前的准备。

【相关知识】

（一）直播营销的表现形式

直播营销通过直播这一形式向用户展示产品或服务，根据不同的应用场景，形成了五大表现形式。

1．直播＋电商

直播＋电商在电商企业中应用广泛，其主要通过直播来介绍电商企业的产品材质、产品功能、产品卖点等，或者通过直播来传授知识、分享经验等。电商平台的用户众多、流量集中，观看直播的用户目的明确，他们一般会对某类型的产品感兴趣或早有购买计划，才会观看直播。因此，直播＋电商能够快速吸引用户购买产品，形成直接转化，如淘宝直播、京东直播等边观看直播边购买产品的模式，就是典型的直播＋电商的表现形式。

2．直播＋发布会

直播＋发布会是众多企业发布新品、新闻的重要表现形式，也是企业造势、制造热点的重要途径。直播＋发布会的直播地点不局限于会场，也不局限于某一个平台，可以通过多平台、多渠道，或以互动性更强、更有趣味性的方式展开。例如，华为智界 S7 的直播发布会就利用 VR 等技术打造全景式发布会，强化用户的沉浸感，并通过华为官网、各平台直播账号等开展多平台直播，全方位触达用户。

3．直播＋活动

直播＋活动的最大魅力在于通过有效的互动将人气连接到产品或品牌。直播活动的种类很多，如街头采访、互动游戏、用户体验等，在活动的过程中可以通过与用户的互动来宣传产品或品牌，如弹幕互动、解答疑问、互动游戏等。

4．直播＋广告植入

直播中的广告植入一般都是经过精心策划的"软广告"，内容真实、有趣，能够获得用户的好感。例如，很多主播通过直播给用户分享化妆技巧，然后在分享的过程中植入面膜、精华、洁面乳等产品的广告，这种自然而然地进行产品或品牌的推荐更容易使用户接受。在植入广告的过程中，还可以导入购买链接，促进产品成交转化。

5．直播＋个人 IP

直播＋个人 IP 为个人 IP 提供了更直观、更有吸引力的展示方式，同时借助个人 IP 的独特魅力和影响力，吸引更多的用户观看直播。直播＋个人 IP 的核心是个人 IP，直播和个人 IP 的结合，不仅能够让用户更加深入地感受个人 IP 的魅力，还能让个人 IP 更好地传递产品或品牌的价值，树立良好的品牌形象。

（二）主流的直播营销平台

直播营销平台是直播营销的重要载体，不同类型的直播营销平台具有不同的特点。

1．淘宝直播

淘宝直播整体围绕直播＋电商展开，能够让用户更便捷、更快速地找到满足自身需求的直播间，具有用户购物目的性强、营销精准等特点。淘宝直播的用户以"80 后""90 后"女性用户为主（《2023 年中国直播电商机会洞察报告》）。淘宝直播官方发布的数据显示，直播间成交额较高的品类为女装、美妆、珠宝、消费电子、食品、母婴、家居百货、家装、箱包配饰、男鞋女鞋；其中，"80 后"更偏向于文教、母婴、汽车、家装、生活等品类，"90 后"更偏向于美妆、数字虚拟、生活、个护、男鞋女鞋等品类。图 6-1 所示为淘宝直播的相关页面。

图 6-1

2. 抖音

随着直播行业的蓬勃发展，抖音适时推出了直播业务，并成为重要的直播营销平台，图 6-2 所示为抖音直播相关页面。平台用户除了可以在抖音开展短视频营销，还可以开展直播营销。与其他平台相比，抖音在直播营销方面具有以下特点。

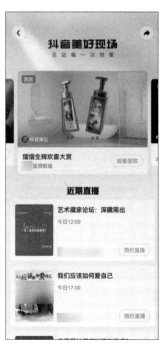

图 6-2

- **形式多样**：抖音直播营销的表现形式多样，除了直播＋电商外，还有直播＋音乐、直播＋发布会、直播＋公益活动等，形式多样，能够满足用户多方面的需求。
- **娱乐性强**：抖音直播的内容涵盖多个领域，如舞蹈、唱歌、手工制作等。这些丰富多样的娱乐形式可以为用户带来轻松愉快的观看体验。

3. 快手

快手也是一个重要的直播营销平台，与单一的直播营销平台不同，快手拥有"短视频＋直播"的完整闭环，为开展短视频营销的用户提供更多分享多样生活的机会，也为工会、主播、普通用户提供了新的变现渠道。在直播营销方面，快手具有以下特点。

- **直播内容多元化**：快手汇聚了不同身份的主播，如可可西里守护藏羚羊的巡山队队员、东部沿海的赶海人等，其展现了上千种职业面貌，带来了多元化的直播内容。图 6-3 所示为快手直播的内容分类。

图 6-3

- **生活气息浓烈**：快手直播中没有刻意的营销话术，更多的是通过聊天互动与用户建立联系，获得用户的好感，然后促使用户基于爱好、信任、默契等接收营销信息。
- **变现能力强**：快手独特的内容生态和社区能够让用户基于对主播的信任直接购买产品，在聊天互动中就能完成产品的销售转化。这也是快手区别于其他直播营销平台的主要优势之一。

4. 拼多多直播

拼多多直播是拼多多推出的直播功能，基于拼多多本身的资源，与拼多多共享用户群体。拼多多是以农副产品为特色的全品类综合性电商平台，《拼多多用户研究报告》显示，拼多多的用户以女性用户为主，其占比高达 70% 左右，多为公司职员和自由职业者，30 岁以下的用户居多，三、四线及以下城市的用户占比过半。2023 年 5 月左右，拼多多开始在直播领域发力，从食品和服装品类扩展到全品类。

5. 京东直播

京东直播是京东推出的直播营销平台。与其他直播营销平台不同，京东直播主要采用商家自播模式，因此，观看直播的用户大多是品牌的粉丝。京东直播的用户多为 26 ～ 35 岁的女性，这些用户偏好观看与食品饮料、母婴、手机通信、家用电器、服饰等品类相关的直播。

（三）直播营销策略

直播营销的策略在很大程度上影响着直播营销的效果。选择合适的营销策略，因"事"制宜，可以提高直播营销的成功概率。

- **主播营销**：主播是直播营销过程中面向用户的第一人，也是直播营销流程的推动者，其个人魅力、专业能力等关系着直播营销效果。如果主播本身人格魅力突出，或专业能力过硬、形象突出等，便可以重点营销主播的某一特性，在增强直播吸引力的同时，也为长期的直播营销做好准备。

- **名人营销**：名人本身就带有流量与话题，通过名人来进行营销，可以充分调动粉丝的积极性。名人的粉丝数量庞大，互动力强，可以为直播营销带来较高的热度。但邀请名人需要有充足的预算，且选择的名人应与自身品牌形象相符。

- **利他营销**：利他营销主要是通过分享实用知识或生活技能等有价值的内容，在提高用户技能的同时，借助主播或嘉宾的分享来推广产品，如护肤步骤直播、化妆技巧直播等。

- **对比营销**：对比营销是指通过与其他同类型品牌/产品/服务，或同品牌不同时期产品/服务等的对比，展现营销对象的差异性、优势，以增强说服力。该策略旨在展示差异、突出优势，不在于恶意诋毁对比对象。

- **采访/访谈营销**：采访/访谈营销是指围绕营销对象进行内容设计，并围绕内容主题采用采访或访谈的方式展开营销。在采访或访谈过程中，主播从客观角度出发，就某一主题展开叙述，然后邀请第三方（如采访嘉宾、专家、路人等）阐述其对该主题的观点和看法，增强直播营销内容的丰富性，以及营销内容的说服力。

（四）直播营销风险防范

直播营销虽有诸多优势，但也会带来一些风险，如营销过程中操作不当带来的法律风险、失败风险等，直播过程中主播言行不当给用户带来不良印象等，因而需要做好风险防范，确保直播营销顺利开展。

1. 营销过程中的风险防范

直播营销过程涉及直播营销平台、产品/内容、用户等多个方面的内容，为了更好地开展直播营销，可以围绕以下方面做好风险防范。

- **产品/内容的确定与风险防范**：产品/内容是直播营销的主要对象，如果不符合用户的需求，会影响直播营销效果以及后续直播的开展。针对这种情况，应当在充分了解用户的基础上选品或确定内容。选品时，尽可能选择品牌知名度较高、产品本身质量优越、用户评价较好的产品，降低产品带来的风险。

- **预算的准备与风险防范**：直播营销具有不确定性，可能会出现超出预算或预算脱离实际的情况。因此，可以通过实地考察，确定可能出现的每笔花销，以确保预算合理。

- **用户反馈与风险防范**：用户是直播营销的直接作用者，其反馈影响直播营销的效果。对此，可以安排专人（如场控）实时监测用户的反馈，积极接纳正面反馈，同时监控并处理用户的负面反馈。

2. 直播过程中的风险防范

直播营销过程中风险和利益并存，一旦出现失误，不仅影响直播营销效果，严重的还可能造成无法挽回的结果。因此，直播营销过程中的风险防范至关重要。

- **直播环节设置**：直播环节设置不完善，可能会出现冷场、内容混乱等情况。对此，需要精心设计每个环节，并反复推敲，最好进行试播，确保直播环节设置合理、衔接恰当、内容翔实。

- **直播设备测试**：直播过程中，若直播设备出现问题，可能出现网络中断、音视频不同步、黑屏、卡顿等情况。为避免此类情况的出现，应提前检测好所有的直播设备，包括设备是否完好无损、数量是否足够、应用功能是否正常等。

- **主播管理**：直播是实时进行的，主播的一举一动都在镜头下进行，非常考验主播的语言表达、危机处理、控场等能力，如果主播能力欠佳，可能会出现表述不清、直播节奏不当等风险。因此主播要做好自我管理，提高自身能力和专业素养，直播营销的其他参与人员也需要监督主播，做好风险防范。

- **内容审核**：在直播过程中，可能会出现未预见的情况，如嘉宾发言不当、内容涉及敏感话题等。对此，应在直播开始前对所有可能涉及的内容进行审查，并明确不当言论和敏感内容的处理方式。同时，对于实时互动环节可能出现的问题，应有足够的预判能力和快速的反应能力。

- **用户互动管理**：用户是直播营销的人气和热度来源，但其也会带来风险，如恶意评论、攻击或侮辱主播或嘉宾等。对此，应及时处理并制止，同时积极引导用户进行良性互动。

- **危机处理**：在已经尽全力预防风险的情况下，还是会有一些不可预见的风险出现，如直播过程中回复不当给品牌造成重大舆论危机。在这种情况下，应制定应急预案，以便快速、有效处理突发情况，以最大限度地减少损失。

【任务实践】

实践 1——选择直播参与品牌和产品

粟森的本次主题活动采取"粟森牵头、以大带小、合作互推"的方式进行，粟森作为主办方，邀请其他品牌作为合作方共同参与。为了确保参与直播营销活动的品牌和产品能够充分展现本地特色，粟森先对旗下的品牌和产品进行了严格的筛选，并最终确定了参与本次活动的子品牌和产品，分别为本食的增城丝苗米、藏韵的广式腊肠、及时乐的广式早点（核桃包、奶黄包、叉烧包、流沙包、虾饺、糯米鸡）、童话屋的广式点心（蛋黄酥、核桃饼、鸡仔饼、芝麻饼、老婆饼、蜂巢蛋卷、凤梨酥、绿豆糕、麻薯）。现需要筛选合作品牌和产品，表 6-1 所示为参与活动的合作品牌及其产品，从中选出具有一定知名度的品牌，及具有代表性、好评率高的产品，同时确保所选产品与粟森品牌的产品的重合度较低，以丰富活动内容，进一步推广当地传统文化和特色产品。

表 6-1

类别	合作品牌	品牌知名度	提供产品/内容	代表性	好评率
腊味	容氏腊肉	非常高	五花腊肉、香菇咸香腊肠	所用猪肉为A县特色	98%
	条条香	一般	精选五花肉自制腊肠	所用猪肉为A县特色	94%
熟食肉类	香酥乳鸽坊	非常高	招牌香酥乳鸽	本地特色	99.9%
	什井	很高	脆皮烧鹅、盐焗鸡	本省特色	99.9%
乳制品	牛牛乳业	很高	水牛酸奶	水牛奶为本市特色	99.9%
	牛犇犇	较高	高钙低脂纯牛奶、无乳糖纯牛奶	一般	95.8%
方便速食	淘好粉	较高	本地特色河粉、速食粉丝	本地特色	99.8%
	茶点铺	较高	四大经典早餐速冻套餐(核桃包、奶黄包、叉烧包、虾饺)、糯米鸡	本省特色	98.7%
	粉工坊	一般	本地特色河粉、速食馄饨	河粉为本地特色	96.3%
水果蜜饯	果饯坊	较高	经典青梅蜜饯、特色酸枣	本地特色	99.9%
	曾蜜	很高	荔枝蜜、龙眼蜜	本地特色	99.8%
茶茗	长寿山	非常高	特产乌龙茶	本省特色	99.8%
	山青	较高	特产乌龙茶	本省特色	98%
非遗	李家班	非常高	醒狮	广州代表性的非物质文化遗产	99.9%
	广绣	非常高	"柿柿如意"主题的手工刺绣、"寒梅冷对"主题的手工刺绣、"谦谦君子"主题的手工刺绣	广绣,我国四大名绣之一,广州非物质文化遗产之一	99%

1. 实践要求

(1)按照品牌知名度、产品代表性和好评率筛选品牌和产品。

(2)确保入选品牌之间、入选品牌与粟森之间不存在产品重合的情况。

2. 实践步骤

(1)分析品牌知名度。根据表6-1可知,合作品牌的知名度大部分较高,少数品牌的知名度欠缺,由于具有一定知名度的品牌更有竞争力,因此这里剔除掉知名度一般的品牌:条条香、粉工坊。

(2)分析产品代表性。从产品的代表性来看,大部分产品或其原材料皆有一定的特色,但牛犇犇的高钙低脂纯牛奶、无乳糖纯牛奶除外,这里剔除掉牛犇犇及其产品。

(3)分析产品好评率。从剩余品牌产品的好评率来看,产品好评率基本都在98%以上,由于好评率都比较高,这里不再剔除品牌和产品。

(4)分析产品的重合度。结合粟森所选的产品和表6-1中的品牌和产品信息可知,粟森与茶点铺之间存在重合产品——核桃包、奶黄包、叉烧包、虾饺、糯米鸡,长寿山和山青存在重合产品——特产乌龙茶,按照与粟森品牌产品的重合度低、选优不选次的标准,剔除掉茶点铺和山青。

(5)确定品牌和产品。汇总品牌和产品信息,并统计合作品牌及其产品数量,如表6-2所示。

表 6-2

类别	入选品牌	入选产品 / 内容	产品数量
腊味	容氏腊肉	五花腊肉、香菇咸香腊肠	2 款
熟食肉类	香酥乳鸽坊	招牌香酥乳鸽	1 款
	什井	脆皮烧鹅、盐焗鸡	2 款
乳制品	牛牛乳业	水牛酸奶	1 款
方便速食	淘好粉	本地特色河粉、速食粉丝	2 款
水果蜜饯	果饯坊	经典青梅蜜饯、特色酸枣	2 款
水果蜜饯	曾蜜	荔枝蜜、龙眼蜜	2 款
茶茗	长寿山	特产乌龙茶	1 款
非遗	李家班	醒狮	1 款
	广绣	"柿柿如意"主题的手工刺绣、"寒梅冷对"主题的手工刺绣、"谦谦君子"主题的手工刺绣	3 款
总计	10 个		17 款

实践 2——筛选主播

粟森计划采用名人营销策略,邀请知名主播参与本次主题活动,借助该主播的影响力扩大本次活动的声势。粟森在抖音发布合作信息后,当前,共有 5 位知名主播进入合作备选范围(主播相关信息见表 6-3),粟森需要在这 5 位知名主播中选出 1 位,作为本次活动的合作对象。该主播应满足以下条件。

- 累计从事直播电商 2 年及以上,或取得互联网营销师或相关职业资格证书。
- 影响力大、直播风格偏日常、与食品或生鲜等领域相关。
- 至今未出现过引起广泛影响的负面新闻。
- 形象较为正面,日常直播无违背社会主义核心价值观、伦理道德等的内容。

表 6-3

主播	粉丝数 / 人	直播领域	直播风格	当前热度	其他
小郑	113.4 万	玉石	以产品测评为主	较高	从事直播电商 2 年,未出现过重大负面新闻
小刘	105 万	以女装为主	以产品讲解为主	较高	从事直播电商 1 年多,未出现过重大负面新闻
小杨	8 999 万	全品类	搞笑搞怪、以现场测试为主	较高	从事直播电商 2.5 年,此前出现过影响品牌形象的负面事件
小骆	2 044.5 万	以护肤品为主,涉及食品	日常聊天,以护肤知识输出为主	较高	从事直播电商 2 年多,坚持向粉丝输出"按需购买"的价值观,未出现过重大负面新闻
小东	3 095 万	以农产品为主	家常、产品讲解和知识输出相结合	高,上过热搜	从事直播电商 2 年多,多次被官方媒体点名表扬,未出现过重大负面新闻

1. 实践要求

结合主播信息、主播应满足的条件,选出符合要求的主播。

2. 实践步骤

(1)分析主播信息。根据筛选条件,合作主播应同时满足工作年限、形象等 4 个条件。就第 1 条而言,小郑、小杨、小骆、小东 4 位主播均满足。就第 2 条而言,可从这 4 位主播中剔除掉小郑。最后结合第3、4条来看，可从剩余的3位主播中剔除小杨。

（2）确定主播。经过初步筛选，剩下小骆和小东两位主播。根据粉丝数、直播领域的相关性、形象的正面性等，对二者进行比较，选择条件更优的一位。论粉丝数，小东更多；论直播领域与本次直播产品的相关性，小东的关联性更高；论当前热度，小东更高；论形象的正面性，小东多次被官方媒体点名表扬，更具有代表性。由此选出本次的合作主播——小东。

（3）与主播签订合作意向书。就佣金、提成、合作方式等与主播商议，并签订合作意向书。

任务二　直播营销策划与筹备

粟森的直播营销活动即将开启，但具体的开展方式和流程等还没有确定，正在紧张地讨论和策划中。现粟森需要制定一个详细的直播方案，并筹备好相关事项，以确保直播营销活动的顺利开展。

【相关知识】

（一）直播营销内容策划

直播的整体时长较长，为确保直播的吸引力和可看性，需要有丰富的内容来支撑，以持续吸引用户观看。

1. 策划直播营销方案

直播营销方案是全面推进直播营销工作，不断开创直播营销新局面的出发点和落脚点。策划直播营销方案是一个全局性工作，直播营销方案需要围绕直播营销目标，对环节设定、人员分工和财务预算等进行统筹规划，并对直播营销活动进行简要说明。以某快递公司的助农直播为例，其直播营销方案如表6-4所示。

表6-4

项目	详细内容
直播营销目标	推动4地农产品总销量突破10万单
直播营销概述	直播营销表现形式：直播＋电商 直播营销平台：微信视频号 直播营销主题：××（公司名称）助农直播，单单补贴 直播时间：11月6日15:00—19:00
环节设定	直播营销内容策划：10月6日—10月25日，联系各地农户，并围绕直播营销活动的具体开展进行策划 直播场地和设备筹备：10月26日—10月31日，筹备好直播设备、场地等 直播间搭建：11月1日—11月2日，在直播营销平台开通直播功能，并使用平台推出的直播模板装饰直播间，模板中应包含产品信息、分享组件 直播营销活动预热：11月3日—11月5日，持续在微信公众号、微信朋友圈、微博等平台发布直播营销活动的预热信息 直播营销活动执行：11月6日15:00—19:00，持续监控产品销量和用户评论数据等 直播营销活动复盘：11月6日20:00—21:00，分析直播营销活动数据，总结直播营销活动效果

续表

项目	详细内容
人员分工	策划人员：1组 场地、设备筹备：2组 直播间搭建和活动执行中的数据监控：3组 直播营销活动预热：4组 直播营销活动执行：5组（主播、助理） 直播营销活动复盘：全体人员
财务预算	场地和设备费：约5 000元 预热海报设计费、推广费：约3 000元 分享奖品费：约100元 农户补贴费：50万元

（1）确定直播营销目标

直播营销方案应首先说明本场直播营销活动要达到的目标，明确直播营销活动的工作方向，激励直播团队成员共同为实现营销目标而努力。该目标一般为短期目标，具有可评估性，如"本场直播营销活动结束后，电影票增售1万张"。

（2）撰写直播营销概述

直播营销概述是对本场直播营销活动的简要说明，是对直播营销活动的高度概括和重点信息的提炼，一般包括：直播营销表现形式、直播营销平台、直播营销主题（如"特价清仓，全场低至3折"）、直播时间。

（3）环节设定

直播营销主要分为六大环节，分别是：直播营销内容策划、直播场地和设备筹备、直播间搭建、直播营销活动预热、直播营销活动执行、直播营销活动复盘。直播营销方案中应对各环节的开展时间、大致工作等进行说明。

- **直播营销内容策划**：这一环节的重点工作主要围绕3个部分展开，即策划直播营销方案、直播脚本和直播话术，这3个部分是直播营销活动的重中之重，是直播营销活动顺利实施的基础。
- **直播场地和设备筹备**：这一环节要求做好直播地点的选择和布置，并提前筹备好直播中所需的各种设备。
- **直播间搭建**：这一环节的工作主要围绕直播间装饰进行。
- **直播营销活动预热**：这一环节要求调动一切力量为直播营销活动造势，其结果将体现在直播间的观看人数上。
- **直播营销活动执行**：这一环节是直播营销活动的重点环节，其开展过程中的一举一动都不容有差。
- **直播营销活动复盘**：这一环节是对前面所有环节的总结和评价，通过这一环节，可清楚知悉直播营销的目标是否实现。

（4）人员分工

人员分工是对参与直播营销活动的工作人员进行合理的工作安排和职责明确的过程，旨在为每个环节匹配相应的工作人员，具体可划分为文案编辑组、外联组、道具组、摄制组等。人员分工可以使每个工作人员明确自己的职责和任务，确保直播工作有序、有组织地开展，以便整体把控直播营销活动。

（5）财务预算

财务预算即整场直播营销活动的预算情况，需要合理估算直播营销活动各环节的预算，以便合理控制成本。例如，直播场地和设备筹备环节，购买话筒与专业声卡等设备，计400元；直播营销活动执行环节，直播派送红包，计1 000元；人员分工环节，直播工作人员工资，计8 000元。

高手秘技

直播营销方案大体包含上述内容，但不是绝对的，方案的内容、内容的详细程度等具体可以根据直播营销的需求来确定，只需保证方案合理、易理解、可实施。

2. 策划直播脚本

直播脚本是直播营销活动中的重要组成部分，有助于强调直播营销活动的主题和目标，理清直播流程，在规避直播风险时也有一定的作用。因此，在直播营销活动中，制定一份详细而周密的直播脚本是非常有必要的。

（1）策划整场直播脚本

整场直播脚本是对直播营销活动执行过程中流程和内容的细致说明，针对性强。在策划整场直播脚本时，要对所涉及的各方面内容进行深入思考，确保符合实际，以便把控直播节奏。整场直播脚本的组成要素众多，具体如图6-4所示。表6-5所示为直播＋电商表现形式的整场直播脚本示例。

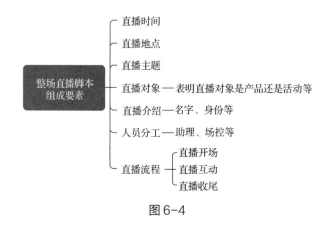

图6-4

表6-5

项目	详细内容
直播时间	2024年1月25日 18:30—21:30
直播地点	××直播室
直播主题	新年添新装备，暖冬特惠
产品数量	20款
直播人员	主播××、助理××

直播流程						
直播开场	打招呼：亲爱的小伙伴们，大家晚上好，欢迎来到××直播间 话题引入：时间过得好快，马上就要到春节了，你们想好买什么年货了吗					
产品讲解	产品名称	产品图片	产品卖点	产品利益点	直播优惠	备注
	××碎银珍珠项链		（1）925银 （2）珍珠圆润饱满 （3）附专业机构检验证书 （4）礼盒包装	产品优惠券：60元无门槛优惠券	日常价：289元 直播价：229元	7天无理由退换货，有运费险
	××红色双面羊绒大衣	……	……	……	……	
直播互动	直播抽奖	抽奖规则：输入指定口令，领取红包				
产品讲解	××轻奢手表	……	……	……	……	……
……	……	……	……	……	……	……
直播收尾	感谢用户＋告别：好了，今天我们的直播就到这里了，感谢大家的支持，拜拜					

（2）策划单品直播脚本

单品直播脚本即基于单个产品的脚本，在直播＋电商中，它对应整场直播脚本的产品讲解部分。单品直播脚本是围绕产品来撰写的，其核心是突出产品卖点，如果直播营销活动不涉及产品，该脚本可以省略。

单品直播脚本一般以表格的形式呈现，包含产品介绍、品牌介绍、用户互动、引导转化等，如表6-6所示。

表6-6

项目	说明
产品介绍	产品基本信息、产品上身或使用效果、细节展示、材质展示、适用场景介绍、适用人群、产品火热程度
品牌介绍	品牌背书，如品牌知名度、品牌核心科技、品牌荣誉等
用户互动	通过话题互动、红包互动等方式与用户互动，激发用户购买欲望
引导转化	强调产品利益点和直播优惠，刺激用户下单

3. 策划直播话术

直播话术是一种说话技巧，其直接影响直播营销活动的质量和用户的体验。优秀的直播话术能够让直播营销活动更加生动、有趣，吸引更多用户的关注和参与，从而扩大直播营销活动的影响力。

（1）策划直播开场话术

直播开场话术多用于直播暖场，其目的是让用户了解直播营销活动的内容、形式和组织者等信息，给用户留下良好的第一印象，以便用户判断该直播是否具有可看性。好的开场话术不仅可以引起用户的观看兴趣，还可以营造良好的直播氛围，为后续环节的开展奠定良好的基础。

- **直接介绍**：在直播开始时直接告诉用户本次直播的基本情况，包括主播自我介绍、主办方介绍、直播话题介绍、直播时间、直播流程、特约嘉宾等。例如，"大家好，欢迎大家来到'就业在××金秋招聘月'直播大会，本次直播大会由××市职业介绍服务中心、××广播电视台联合举办，共有47家企业参与，覆盖互联网、人工智能、生活服务等多个行业，提供近 3 500 个岗位，更有就业指导专家 ×× 老师为您提供就业指导，现在就让我们一起来看看吧！"

- **数据引入**：通过展示数据的方式进行开场，提高用户的信服度。这种开场方式比较适用于专业性较强的直播营销活动。例如，"欢迎大家来到 ××17Pro 发布会现场，我们先来看一下这款手机，这款手机搭载的是 ×× 移动处理器，用起来非常流畅，连续启动 30 个应用仅耗时 ×× 秒……"

- **提出问题**：通过提问引发用户的思考，并与用户互动，增强用户的参与感。同时，用户的参与度也可以成为预测本次直播营销活动效果的参考。例如，"人生百态皆成文，冷暖自知照人心。欢迎大家来到'老高闲谈'。今天邀请到的嘉宾是我们的 ××，欢迎 ××，今天您准备给大家推荐哪本书呢？"

- **故事开场**：通过趣味性、传奇性的故事快速引发用户的讨论与共鸣，为直播营销活动营造一种良好的氛围。需要注意的是，不要选择具有争议性的故事。例如，"欢迎大家准时收看 ×× 直播，今天 ××（特邀嘉宾）会来直播间。他真的是一个非常有趣的人，我记得有一次……"

- **借助热点**：借助网络上新近发生的热门事件，使用户快速融入直播，并拉近与用户之间的距离。例如，"欢迎大家来到我的直播间，今天会有 ××（产品），没错，就是这几天非常火热的 ××（产品），想必大家都刷到那条短视频了吧……"

（2）策划直播中话术

直播中话术是连接直播间与用户的桥梁，能够影响用户的感知、情绪和行为。优秀的直播中话术能够吸引用户的注意力，提高用户的参与度和留存率，并促进用户的转化，扩大直播营销活动的影响力。常见的直播中话术如表 6-7 所示。

表 6-7

话术	说明	策划技巧	示例
引导关注话术	引导用户关注直播间的话术	强调直播间的福利	刚进入直播间的朋友们记得点击屏幕左上角，关注直播间，直播间会不定时发放福利
		强调直播内容的价值	想要了解更多短视频制作技巧的朋友们，可以关注一下直播间，我会经常为大家介绍好用的短视频制作技巧
促留存话术	让用户持续停留在直播间的话术	利用福利	直播间会有不定时的红包雨，大家千万不要走开
		及时回答用户问题	×× 宝宝想看看衣服细节是吧，我走近一点给大家看一下……×× 宝宝，你还有什么问题吗
产品讲解话术	推销产品的话术	多维度介绍产品，包括功效、成分、材质、价格、包装设计、使用方法、使用效果、适用人群等	这款办公椅设计符合人体工学，相当贴合身体曲线，分区保护头、腰、背，分散腰部压力；采用 ×× 坐垫，坐上去软软的，回弹力很强；而且高度是可以灵活调节的……
		提供证明，如销量截图、检测报告等	这款不粘锅是真的不粘，我给大家试验一下……
		营造场景感	穿着这件衣服就很有过年的感觉……
促转化话术	将流量转化为效益的话术	打造信任感	这款产品我自己也想用，等下我也要买
		营造紧迫感	现在是最后的签售环节，只要您在接下来的 5 分钟内下单，就可以获得我们的签名版产品

（3）策划直播结尾话术

直播结尾话术可以最大限度地引导直播营销活动结束时的剩余流量，实现产品与品牌的宣传与销售转化。

- **感谢＋引导关注：**表达对用户观看直播的感谢，并在直播结束时引导用户关注直播账号，或将企业的自媒体账号告知用户，引导用户关注，使其成为企业或品牌的粉丝，为后续开展直播营销活动，积累用户基础，并便于后期进行粉丝维护。例如，"直播马上进入尾声，如果大家想要随时了解我们的直播动态，可以关注我们的官方微博账号'××'，第一时间获取直播开播提醒"。

- **感谢＋邀请入群：**表达对用户观看直播的感谢，并在直播结束时告知用户加入粉丝群的方式，邀请其加入粉丝群，将其转化为忠实粉丝。例如，"非常感谢大家今天抽出时间来观看我们的直播！如果喜欢我们的直播内容并想与我们有更多互动，那就加入我们的粉丝群吧！群里有更多的福利和精彩内容，还有与主播交流的机会，私信××获取邀请码便可加入粉丝群"。

素质课堂

近年来，国家对直播营销行业的管控程度进一步加深。2023 年 3 月 15 日国际消费者权益日，长宁区市场监管局携手长宁区广告协会发布了《电商主播直播用语规范》团队标准。该标准对直播过程中法律难以界定的用语（包括直播开场、结束用语，直播互动用语，产品和服务宣传用语，公益宣传用语）进行了明确和规范。营销人员在撰写直播话术时应当遵守法律法规，自觉维护直播营销活动的健康有序发展和科学规范运行，保障用户的权益。

（二）直播场地和设备筹备

直播营销场地和设备是直播营销活动得以顺利开展的硬件支撑，共同为直播营销活动的氛围打造服务，影响着用户的观感和沉浸感。

1. 筹备直播场地

直播场地主要分为室内场地和室外场地。对直播营销而言，不同的场地有不同的要求。

（1）室内场地

直播营销中，常见的室内场地有办公室、会议室、直播室、工作室、线下门店、住所等。一般来说，用于直播的室内场地需要满足一定的条件。

- **空间适宜：**室内场地的空间应足够宽敞，能够容纳直播设备、直播产品，以及直播团队成员等，同时要有足够的活动空间，具体可以根据直播需要调整场地面积的大小。

- **环境安静：**室内场地的隔音效果要好，避免杂音的干扰；要有较好的收音效果，避免在直播中产生回音。

- **光线充足：**充足的自然光线可以增加直播画面的真实感和美观度。如果直播场地较封闭，可以借助灯光设备补充光源，增强直播画面的视觉效果。

（2）室外场地

直播营销中，常见的室外场地主要有产品产地（如田间地头、蔬果种植园、茶园）、室外打包场所、露天集市、室外活动现场等。室外直播不仅能带给用户沉浸式的体验，还能提升用户对直播内容的信任度。为确保直播营销效果，在选择室外场地时，尽量满足以下要求。

- **天气条件：** 选择晴朗的日子开播，同时做好应对下雨、刮风等天气的防范措施。
- **场地范围：** 限制室外场地的范围，以免分散用户的注意力。
- **场地环境：** 环境要整洁，不宜出现过多的围观人群或闲杂车辆。

（3）场地规划

选定直播场地后，还需要根据直播主题、内容等对场地进行合理的规划，使其布局合理，确保直播过程中的动线流畅。常见的场地规划如图 6-5 所示。

图 6-5

2. 搭建直播间

直播间是直播营销活动的重要场所。一个布局良好、舒适的直播间，不仅有助于烘托直播氛围，还容易给用户留下良好的印象，进而促进用户的转化。

（1）直播间背景设置

直播间背景对应图 6-5 中的背景陈列部分。直播间背景影响用户对直播间的第一印象，干净整洁的背景，容易获得用户的好感。

- **实体背景：** 直播间的实体背景一般以简洁的背景为主，通常选用偏哑光的背景，避免反光，在视觉上看起来也更加简单，可以更好地衬托主播。实体背景常用于知识讲解／分享、娱乐等互动形式的直播营销活动中。
- **虚拟背景：** 虚拟背景一般是将绿幕或蓝幕作为背景，然后通过抠图技术将绿幕、蓝幕替换为准备好的背景图片，带给用户多样的观看体验。虚拟背景比较适合美妆、食品饮料、电子数码等电商直播营销活动。

（2）直播间灯光布置

直播间的灯光布置影响着直播氛围，在布置灯光时，一般要求：明亮通透，光线均匀、不刺眼。常见的灯光布置方式如图 6-6 所示。

3. 筹备直播设备

直播营销活动的开展离不开直播设备的支持，直播设备的性能直接影响用户的观看体验。具体筹备时，通常会先选定主要直播设备，然后围绕该直播设备开展筹备工作。

图6-6

（1）手机+

"手机+"以手机作为主要直播设备，具有易携带、操作难度小等优点，常用于泛娱乐化直播，或个人、中小型企业的电商直播。手机+的搭配设备通常有：手机、带灯手机支架、手机充电器。在该搭配下，通常使用一台手机用于直播，另一台用于查看弹幕；带灯手机支架用于固定直播用手机和补充主播面光；手机充电器用于随时补充手机电量。

（2）单反相机+

"单反相机+"以单反相机为主要直播设备，具有画面清晰度高、有质感、色彩还原度高等优点。同时，如果有剪辑视频的需要，也便于后期剪辑。单反相机+的搭配设备通常有：手机（用于查看弹幕）、带云台脚架（用以放置和固定单反相机）、采集卡、无线话筒。

（3）摄像机+

"摄像机+"以摄像机为主要直播设备，通常会配合专业的直播编码器或编导一体的设备使用，具有专业度高、画质清晰、拍摄稳定等优点，适用于晚会直播、会议直播等要求较高的直播活动。利用摄像机进行直播时，首先，需要准备一台或多台摄像机，并配以专业的摄像人员，以便随时切换镜头；其次，检查摄像机是否连接直播编码器或编导一体的设备；最后，检查采集卡是否准备到位。

（三）直播营销账号准备

开展直播营销活动，必须要准备好直播营销账号。通过直播营销账号，可以发布直播相关的内容，并与用户进行实时互动，有利于提高品牌或产品的曝光度。

1. 设置直播账号

不同直播营销平台的账号设置板块略有差异，但基本都包含账号名称、账号简介、账号头像、背景图和置顶视频等，如图6-7所示。

- **账号名称：**直播账号的名称应与账号定位或品牌定位相符，体现个人或品牌的特色，便于理解、记忆和传播。如果个人本身具有较高的知名度，则可以使用自己的名字作为账号名称。品牌的账号名称一般直接使用品牌名称或网店名称，如"华为商城""安踏官方旗舰店"。

- **账号简介：**账号简介应通过简短的文字告知用户该账号所定位的领域，展示账号特色。

图 6-7

- **账号头像和背景图**：个人账号头像一般使用真人照片，品牌账号头像一般使用品牌的商标图案或品牌标志。背景图是头像上方的背景图片，一般使用真人照片或场景图，也可用来展示主播特长、联系方式等信息。需要注意的是，账号头像和背景图应与账号定位保持统一，且要避免图片模糊不清。
- **置顶视频**：置顶视频是账号主页视频列表中置于顶部的视频，可以是拍摄的短视频，也可以是往期直播的精彩片段，重要的是用于置顶的视频的内容质量和热度应较高。

2. 开通直播权限

很多直播营销平台一般直接默认开设的平台账号为直播账号，但是，如果要开展直播销售，通常需要开通直播权限，并进行实名认证。对淘宝、京东等电商类型的直播营销平台而言，通常需要在其官方直播 App 或直播中控台中开通直播权限，并进行实名认证。对于抖音、快手等娱乐性质的直播营销平台而言，直接点击 App 首页的"＋"按钮，在打开的页面中点击类似"开直播"的选项，然后根据操作提示完成操作便可开通直播权限。

3. 设置直播标题和封面

直播标题和封面是直播账号向用户传达营销信息的重要方式。具有吸引力的直播标题和封面，能够显著提升直播营销活动的关注度。因此，为了确保用户能够清晰地知晓直播营销信息，需要为直播账号设置合适的直播标题和封面。

（1）设置直播标题

直播标题的核心作用有两点，一是吸引用户点击和观看直播，二是获得平台更多的精准推荐。因此，直播标题是否有吸引力、能否抓住用户的眼球至关重要。

- **设计技巧**：在设计直播标题时，运用一些技巧可以巧妙地提升直播标题的吸引力，如借助名人效应（在直播标题中添加名人的名字）、用数字体现重要信息（如"全场 5 折"）、直接指明直播利益点（如"家装好物分享"）、解决痛点（如"不粘锅，就是不粘"）等。
- **设置方法**：直播标题的设置方法很简单，如进入淘宝直播等的直播中控台创建直播并设置直播标题，或在快手等的直播页面顶部设置标题（见图 6-8）。

图 6-8

（2）设置直播封面

用户在决定是否观看直播时，首先会注意直播的标题和封面。同时，直播的封面往往比标题更加直观。总的来说，直播封面应主体突出、信息完整、构图美观。

- **设计技巧**：直播封面的设计方法主要有两种。一是以人物为主体，该人物可以是品牌形象代言人、产品模特或主播；二是以产品为主体，在封面中突出展示直播营销的产品。
- **设置方法**：直播封面的设置方法与直播标题的设置方法类似，可以在直播中控台的直播创建页面上传封面，或在直播页面点击直播标题旁边的"添加封面"选项上传封面（见图 6-9）。

图 6-9

【任务实践】

实践 1——围绕主题活动策划直播营销方案

本次主题活动的举办时间为 11 月 20 日 14:00—18:00，预计花费 20 万元，计划采用线上＋线下联合营销的方式。线上，将借助抖音打开品牌和产品宣传的窗口，让全国用户可以实现"云参加、云购物"；线下，将在本地地标建筑——清河广场（近似长方形）举办线下主题活动，让本地用户可以亲身参与活动。为确保本次活动的顺利开展，粟森需要策划出一个可行的直播营销方案。

1. 实践要求

（1）结合活动信息策划可行的直播营销方案。

（2）方案中须包含直播营销目标、直播营销概述、环节设定、人员分工、财务预算。

2. 实践步骤

（1）明确直播营销目标。本次直播营销活动的目标是带动当地品牌的发展，推广当地传统文化。

（2）明确直播营销表现形式。本次直播营销活动为文化宣传主题活动，带有活动性质；结合关键词"云参加、云购物"，可知本次直播营销活动涉及产品销售，带有电商性质。因此，本次直播营销的表现形式可以确定为：直播＋活动＋电商。

（3）明确直播营销平台。本次直播营销活动以抖音为线上宣传窗口，即确定抖音为直播营销平台。

（4）明确直播营销主题。结合直播营销目标，可将直播营销主题确定为"品味传统、共享未来"，这意味着欢迎来自各地的用户和合作伙伴参与文化宣传活动，同时强调大家在传承和推广当地传统文化方面的努力，并预示着未来在大家的共同努力之下，家乡会建设得越来越好，展现出合作、坚守、奋进的姿态。

（5）直播营销内容策划。本次直播营销活动呈现出多点并重的特点，即多品牌合作、线上线下联动、特产展示、传统文化赋能，因此可以围绕这几个点来设计内容。例如，将直播内容分为两部分，一部分是粟森及其他品牌的产品展示，另一部分是非遗文化展示。本次直播营销活动采用"1+1+N"的形式，第一个1指知名主播直播介绍粟森及其他品牌的34款入选产品，并带领用户体验非遗文化；第2个1指粟森自主直播介绍自身的17款产品；N指各品牌自主直播介绍自身的产品。

（6）直播场地筹备。本次直播营销活动在清河广场举行，涉及室外场地的规划。不管是产品还是非遗文化，都呈现出与传统文化相关的元素，那么可以将本次主题活动的场景设定为古代集市。粟森及其他品牌的产品可以在广场两边沿街摆放，将每款产品都摆放在一个简易小摊上，广场的入口一端为粟森，另一端为非遗文化展示区，示意图如图6-10所示。

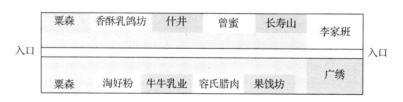

图6-10

（7）直播设备筹备。为展示直播内容，需要筹备专业的直播设备。对粟森而言，其邀请的是知名主播，一般这类主播都有自己专业的直播设备，因此品牌方自己不用专门准备。

（8）直播间搭建。本次直播营销活动采用"1+1+N"的形式，那么，对粟森而言，知名主播自身的直播账号相对于本品牌的直播账号而言更具号召力，因此主要使用该主播的直播账号进行直播。在背景布置方面，需要重点突出本次活动的主题，可以将背景换为活动现场的实体背景。

（9）确定直播营销活动预热时间和渠道。本次直播营销活动开展时间为11月20日14:00—18:00，为取得良好的营销效果需要进行预热，如在活动开始前3天连续发布预热短视频。鉴于直播营销活动为线上线下联合营销，预热时也应当线上和线下同时进行。

（10）确定活动执行流程和工作内容。在活动执行方面，为形成较大的影响力，可以先举办一个简单的开幕式，开幕式上可以有醒狮表演，然后由知名主播直播，各品牌主播同步转播；接着，知名主播带领用户体验醒狮和广绣，并与非遗传承人进行交谈，同时各品牌自播并同步招揽线下参观的用户；最后，在活动结束后打扫活动场地。

（11）确定活动复盘时间、参与人员、大致内容。在时间上，活动仅持续一下午，那么可以趁着活动印象还比较深刻的时候复盘活动，如活动结束后，或者第二天上午。在参与人员上，虽然活动中间涉及品牌自播，但整体的活动效果与各品牌的表现息息相关，因此，每个品牌负责人都应当参与本次直播复盘。在内容上，本次直播营销活动分为线上和线下两个渠道，那么需要复盘这两个渠道的数据表现、人员表现等。

（12）确定人员分工。根据活动需要可知，对外，需要有联系外部品牌、知名主播的人员；对内，需要有策划、美工设计、文案撰写、场地布置等方面的人员。

（13）明确财务预算。本次主题活动的总预算为20万元，需要支出的项目有场地布置、主播佣金 + "坑位" 费、活动宣传、人员工资等。

（14）形成直播营销方案。整理以上的所有信息，并完善和优化，形成最终的直播营销方案，如表6-8所示。

表 6-8

项目	详细内容
直播营销目标	带动当地品牌的发展，推广当地传统文化
直播营销概述	直播营销表现形式：直播 + 活动 + 电商 直播营销平台：抖音 直播营销主题：品味传统、共享未来 直播时间：11 月 20 日 14:00—18:00
环节设定	直播营销内容策划：粟森及其他品牌的产品展示、非遗文化展示，知名主播直播 + 体验非遗 + 品牌自播 直播场地和设备筹备：古代集市设定、产品呈沿街摆放状；设备主播自备 直播间搭建：活动现场的实体背景 直播营销活动预热：11 月 17 日—11 月 19 日，线上预热 + 线下宣传 直播营销活动执行：开幕式（线上同步直播）→体验非遗、人物访谈→知名主播直播 + 品牌自播 + 线下揽客→活动结束 直播营销活动复盘：11 月 20 日 19:00—20:00，各品牌和知名主播均参与，总结线上和线下的直播营销活动效果
人员分工	策划人员、外联人员、美工设计人员、文案撰写人员、场地布置人员
财务预算	场地布置、主播佣金 + "坑位" 费、活动宣传、人员工资等，总计 20 万元

实践 2——围绕主题活动策划整场直播脚本

就线上直播而言，在整个直播营销活动开展过程中，整个开幕式预计持续15分钟左右，体验非遗和人物访谈预计花费30分钟，剩余时间皆用于介绍产品和互动，主要互动方式为发放红包和抽奖。当前，粟森需要策划好整个直播过程的脚本，并提前将脚本发送给主播，以便其熟悉直播流程。

1. 实践要求

（1）根据活动开展时间合理规划直播流程。

（2）合理分配直播时间、安排各流程的工作内容。

2. 实践步骤

（1）规划直播流程。根据活动开展时间，可将整个直播流程分为 4 个阶段，分别是直播开场的打招呼＋开幕式、直播中的非遗体验＋人物访谈、直播中的产品讲解＋互动和直播收尾。

（2）分配直播时间。直播时间共计 4 小时，其中开幕式 15 分钟，体验非遗＋人物访谈 30 分钟，剩余 3 小时 15 分钟。这 3 小时 15 分钟中，需要完成直播开场打招呼、产品讲解＋互动、直播收尾的工作，而产品讲解＋互动是本次直播的重点，那么可以适当缩短直播开场和直播收尾的时间，如直播开场 5 分钟、直播收尾 10 分钟，剩余 3 小时（180 分钟）。参与直播的产品共有 34 款，其中醒狮在开幕式中展示，不纳入产品讲解部分，即实际需要讲解的产品有 33 款，假设每款产品讲解 5 分钟，则总共需要花费 165 分钟，剩余 15 分钟可用于互动，发放红包和抽奖两种互动方式交替进行。

（3）规划产品讲解顺序。本次活动的产品来自不同的品牌，而粟森是本次活动的主办方，其产品（17 款）数量占总产品数的一半，那么可以先介绍粟森的产品，再介绍其他品牌的产品。例如，及时乐的广式早点→藏韵的广式腊肠→童话屋的广式点心→本食的增城丝苗米→容氏腊肉的五花腊肉和香菇咸香腊肠→香酥乳鸽坊的招牌香酥乳鸽→什井的脆皮烧鹅和盐焗鸡→牛牛乳业的水牛酸奶→淘好粉的本地特色河粉和速食粉丝→果饯坊的经典青梅蜜饯和特色酸枣→曾蜜的荔枝蜜和龙眼蜜→长寿山的特产乌龙茶→广绣的 3 个主题刺绣。

（4）形成整场直播脚本。在直播过程中穿插产品讲解和互动，如每讲解完 6 款产品就发一次红包或者抽奖。由于讲解的产品皆为特色产品，在直播时让主播试吃产品，以便其可以更好地讲解产品，因此这里不再添加产品图片，只需完善其他部分的内容。整场直播脚本的部分内容示例如表 6-9 所示。

表 6-9

项目	详细内容				
直播时间	11 月 20 日 14:00—18:00				
直播地点	清河广场				
直播主题	品味传统、共享未来				
产品数量	34 款				
直播人员	小东及其团队				
直播流程					
直播开场（5 分钟）	打招呼并简单介绍本次活动				
产品讲解（30 分钟）	产品名称	产品卖点	产品利益点	直播优惠	备注
	核桃包	（1）广式美食 （2）方便快捷、加热即食 （3）营养美味、蓬松柔软	店铺券：满 299 元减 70 元	享受店铺满减优惠	顺丰冷链
	奶黄包	（1）老少皆宜 （2）方便快捷、加热即食 （3）柔软可口、一口流黄			

直播流程						
	产品名称	产品卖点		产品利益点	直播优惠	备注
产品讲解（30 分钟）	叉烧包	（1）精选优质猪肉、鲜香味浓、甜而不腻 （2）老少皆宜 （3）方便快捷、加热即食		店铺券： 满 299 元 减 70 元	享受店铺 满减优惠	顺丰 冷链
	虾饺	（1）本地传统早点，外表晶莹剔透、内馅儿为大虾仁、口感清爽 （2）严选好材、老少皆宜 （3）方便快捷、加热即食				
	糯米鸡	（1）有淡淡的荷叶香、口感软糯不粘牙 （2）方便快捷、加热即食				
	蛋黄酥	（1）皮酥馅糯、口口酥香 （2）莲蓉蛋黄酥和豆沙蛋黄酥，两种口味任选		第 2 件半价	享受第 2 件 半价优惠	
直播互动（2.5 分钟）	发红包 + 抽奖	引导用户领取红包、介绍抽奖规则并开展抽奖				
重复上述流程，每讲解 6 个产品发红包或抽奖一次，过 5 轮以后，在最后 3 个产品讲解完毕后再进行一次直播互动						
直播收尾（10 分钟）	告知用户活动即将结束，感谢用户的参与和支持，再次宣传本地特色产品和传统文化					

实践 3——为参选产品策划单品直播脚本

在所有的直播产品中，广式腊肠常年居销量榜的前列。粟森打算将其作为直播的重点营销对象，并为其策划单独的直播脚本，在自主直播时重点介绍该产品。该产品的产品信息如下。

- **规格：** 500g×2，75 元；直播间第 2 件半价，参与店铺满 299 元减 70 元的优惠。
- **选材：** 精选优质猪肉，2 分肥 8 分瘦。
- **口感：** 弹嫩有嚼劲。
- **食用：** 烹饪简单，15 分钟左右即可熟透；吃法多样，既可以做腊味煲仔饭、腊肠炒时蔬、腊味炒饭，还可以用来烧烤、做腊肠比萨等。
- **销量：** 全网累计销量超 100 万件。

1. 实践要求

（1）结合广式腊肠的产品信息策划单品直播脚本。

（2）脚本要体现产品的卖点。

2. 实践步骤

（1）提炼产品卖点。由产品信息可知，产品的卖点主要有选材优质、烹饪简单、食用方法多样、销量高。

（2）设计产品介绍。产品介绍应当突出产品的优势，以吸引用户下单，那么可以直接以产品的卖点作为介绍内容，先用销量高进行引入，以引起用户的好奇心，然后介绍产品的选材、食用方法等展现产品的魅力。

（3）设计品牌介绍。该产品不是粟森直播中讲解的第一款产品，不用再强调其品牌，此部分可以忽略。

（4）设计用户互动。腊肠有甜咸之分，而甜咸本身就具有争议性和可讨论性，有的用户喜欢甜味的腊肠，有的用户喜欢咸味的腊肠，因此可以以此为话题和用户互动。

（5）设计引导转化。本次直播营销活动中腊肠的价格比平时优惠了不少，在引导转化时可以重点突出这一点。

（6）形成单品直播脚本。根据上述设计内容，形成对应的讲解话术，并以表格的形式呈现单品直播脚本，如表 6-10 所示。

表 6-10

项目	直播话术
产品介绍	接下来这一款是粟森的热销产品——广式腊肠，热销到什么程度呢？现在全网累计销量已经超过 100 万件了！这款腊肠用的是精选的优质猪肉，2 分肥 8 分瘦，吃起来一点儿也不柴，反而弹嫩有嚼劲。做法也很多样，不管是直接煮熟，还是做腊味煲仔饭、腊肠炒时蔬或者腊味炒饭等，都可以做得很好吃，只需要 15 分钟左右就可以熟透，非常适合厨房新手
用户互动	我跟你们讲，我第一次吃到甜味腊肠的时候整个人都惊呆了，本来以为会很难吃，没想到还不错，因为我们那边都是吃咸的、带点腊味的香肠。我想看看有多少人第一次吃的时候跟我是一样的，有跟我一样的评论个 "1"
引导转化	喜欢吃广式腊肠的朋友不要犹豫，今天真的很划算，不仅享受第 2 件半价，还可以享受店铺满 299 元减 70 元的优惠，相当于享受折上折

任务三　直播营销活动实施

完成所有准备工作后，粟森联合主播和其他品牌开始为直播营销活动预热，并计划在积累一定热度后开展直播，利用直播覆盖线上用户、促进产品转化。

【相关知识】

（一）直播预热

直播预热是一项宣发性的工作，其目的是为直播营销活动造势，提高直播营销活动的曝光度和关注度。一般而言，在准备好直播预热所需的宣发材料（如预热海报、预热文案等）后，就可以正式开始预热了。

1. 确定直播预热时机

用户的上网时间并不是连续的，而是呈现出特定的分布。为了确保直播预热信息能够覆盖到更多的潜在用户，需要精心选择预热时机。

- **大体时间安排**：一般来说，应提前 3 天准备好预热海报、预热文案和预热短视频等宣发物料，然后在正式直播的 1～3 天前进行直播预热。如果直播预热与正式直播的间隔时间太短，往往不利于预热信息的持续发酵；如果直播预热与正式直播的间隔时间太长，预热信息又容易被用户遗忘。

- **具体时间段确定**：直播预热信息的发布时间与用户在直播营销平台上活跃的时间密切相关。一般来说，工作日的上班之前、下班之后和周末是用户的活跃高峰，特别是 19:00—22:00 这个时间段。在这个时间段发布直播预热信息，更容易获得良好的预热效果。

2. 设计直播预热文案

直播预热文案应当能够吸引用户准时观看直播，因而需要有针对性和亮点，在设计时，可以使用一些技巧。

- **借势**：在直播预热文案中添加与名人或热点事件相关的话题，可以提高文案的影响力，如在文案中添加"××同款""××莅临直播间"等字样来借势。
- **抽奖**：抽奖是指在直播预热文案中增加抽奖信息，通过引导用户转发或评论直播预热文案扩大文案的传播范围。需要注意的是，文案中的抽奖信息应当有足够的吸引力，或能满足大部分用户的需求。
- **价值包装**：直接在直播预热文案中把用户能够获得的价值或利益告知用户，增加用户的期待值，如"观看直播赠送同款食谱"等。一般来说，价值越大，用户观看直播的积极性越高，对直播的兴趣越浓厚。
- **突出亮点**：在直播预热文案中直接点明亮点，可以增强直播预热文案的吸引力。这一技巧适合有一定粉丝基础的品牌，如果粉丝数量不多，可配合抽奖使用该技巧。

素质课堂

在设计直播预热文案时，营销人员如果在文案中做出了某种承诺，如某名人一定会来直播间、给予中奖用户奖品等，则应当做到"言出必行，行之必果，诺不轻许，许之必做"，给用户留下良好的印象。

---

3. 发布直播预热信息

发布直播预热信息是直播预热工作的关键环节，影响着直播预热信息的覆盖面和影响力，因此需要特别注意发布方式和渠道的选择。

- **通过账号简介发布**：在直播开始前更新直播账号简介，在简介中明确、简要地说明重要的直播信息，包括开播时间、直播主题、直播利益点等，如"今天 19:00 ××专场""每周三 / 四 / 五 19:00 直播间定时发放福利"。
- **在直播营销平台创建直播预告**：直播营销平台通常有直播预告功能，可以通过该功能进行直播预热，启用该功能后可以设置直播的时间、主题和封面等。预告发布后将以图文的形式显示在直播账号主页。
- **在其他平台发布预热信息**：通过微博、微信公众号、企业官网、抖音等平台发布直播预热信息（如图文类直播预热信息、短视频类直播预热信息），借助多个媒体平台的影响力，扩大预热信息的传播范围，如图 6-11 所示。

图6-11

4. 推广直播预热信息

为了扩大直播预热信息的传播范围，有时还需要采取一些推广措施，将直播预热信息传递给更多的潜在用户。

- **转发到粉丝群**：粉丝对个人或品牌的认同感、黏性强，通过转发直播预热信息到粉丝群，可以有效活跃粉丝，提高其参与和互动的积极性，并提升粉丝的忠诚度。
- **转发到其他平台**：将直播预热信息发布到其他平台，可以形成多平台造势的局势，扩大直播营销活动的影响力。
- **结合线下推广**：如果直播营销活动在线下举行，除了在线上宣传推广外，还有必要在线下进行宣传推广，如派发宣传单、设置展架、投放电子显示屏广告等，告知用户直播营销信息，扩大直播预热信息的影响力。

（二）直播开场

待做好直播准备工作后，就可以正式开展直播营销活动了。一个好的直播开场可以吸引用户的注意力，增强其对直播营销活动的兴趣，并为接下来的直播内容做好铺垫。

- **开场目的（为什么）**：直播开场的目的在于快速吸引用户注意力、营造良好的直播氛围，并引导后续的直播内容等；同时，通过精心设计的开场，与用户建立良好的互动关系，为整个直播营销活动打下良好的基础。
- **开场内容（做什么）**：直播开始后，就需要给用户展示已经准备好的直播内容，可以是才艺展示，也可以是知识和技巧分享、产品推荐等，按照直播脚本正常推进。
- **开场技巧（怎么做）**：直播开场具有"启下"的作用，时间一般不会太长，一般在20分钟以内。要在较短的时间内抓住用户的眼球，具有一定的难度，这时可以使用一些开场技巧，如直接介绍直播亮点、提问等（详见直播开场话术部分），同时也可以道具、游戏等辅助开场。

（三）直播互动引流

直播互动引流是整个直播营销活动的高潮部分，在此过程中，需要与用户实时互动，快速回应用户的诉求，同时通过引流持续提升直播间的热度，使直播效益最大化。

1. 直播互动

直播互动不仅可以提升直播的质量和效果，还可以与用户建立更紧密的联系，加深其参与和互动的深度，进而促进直播营销目标的达成。

（1）提问互动

直播中的互动交流一般借助弹幕（字幕形式的评论）呈现，弹幕具有公开性，为一对多的互动提供了有效途径。通过提问，主播不仅可以通过弹幕了解用户的需求，还可以避免直播间冷场。例如，就刚讲过的内容提问，如"刚刚分享的小技巧大家学会了吗？"既可以加深用户对之前内容的印象，又可以营造活跃的直播氛围。

（2）红包互动

观看直播的用户可以通过直播平台打赏主播，如赠送"游艇""跑车"等虚拟礼物。同样地，主播也可以通过发放红包或赠送礼物等方式回馈用户，增加直播的人气并加强互动。主播发放红包时要提前告知用户发放红包的时间，如"10分钟后有一大波红包来袭""20:00准时发红包"等，让用户做好准备的同时，暗示用户邀请更多的人加入直播等待领红包，以提高直播的人气。

（3）抽奖互动

抽奖互动即"以利诱之"。通过设置抽奖引导用户互动，一般具有明确的指示性，要求用户必须完成一些互动行为，如分享直播间。抽奖互动的奖品一般对用户有一定的吸引力，其可能是能满足用户某方面需求的实物奖品（如运动鞋）或虚拟奖品（如免单）。在开场进行抽奖互动时，需要明确告知用户抽奖的时间（如开播30分钟），以及抽奖规则、奖品等细节，以引起用户的期待感。

（4）游戏互动

游戏互动的游戏一般是难度不高、具有趣味性的小游戏，如成语接龙、我画你猜等。开展成语接龙游戏互动时，可以设置时间限制，如倒数10秒，如果未在规定时间内完成接龙，就需要接受惩罚。我画你猜一般是主播现场画画，然后让用户根据画的内容猜答案。

2. 直播引流

直播过程中，还应当通过各种渠道和方法尽可能地扩散直播信息，以提高直播间的曝光度，提升直播间的人气。

- **分享直播：**通过分享链接的方式将直播间链接分享到粉丝群、新媒体平台等，吸引更多用户进入直播间。
- **加热直播：**利用直播营销平台的付费推广工具加热直播间，提升直播间的人气，如淘宝直播的超级直播、抖音的DOU+、快手的小火苗等。
- **连麦直播：**与其他主播连麦、PK等提升直播的趣味性，引导双方的粉丝互相关注对方，也是一种快速提升直播间热度的有效手段。

（四）直播收尾

直播的结束并不意味着真正的结束，为了持续扩大直播营销活动的影响力，在直播收尾阶段，还需要通过一定的方法推广直播营销活动，进一步推动直播营销目标的达成。同时，还需要对直播营销活动进行复盘，总结其开展情况，为后续开展直播营销活动提供改进参考。

1. 直播营销活动推广

一般情况下，在直播结束时，直播营销活动的热度仍然较高，这时需要借助一些方法更好地利用余热。

- **发布直播精彩片段**：在直播结束后，可以通过直播回放功能查看直播，并将其中的精彩片段剪辑下来，或进行二次创作，然后发布到直播营销平台或其他新媒体平台，让直播内容持续吸引用户，形成二次传播。
- **公布抽奖活动细则**：直播中如果有抽奖活动，在直播结束后，可以在微博等用户较多的平台公布抽奖活动细则，如获奖名单、奖品、奖品发放状态等，增强抽奖活动的真实性，赢取用户的信任，吸引用户观看下一次直播。

2. 直播营销活动复盘

直播营销活动复盘是指在直播活动结束后回顾直播，通过分析相关数据评估直播营销活动的效果，总结经验教训。直播营销活动的复盘工作，一般按照"回顾直播营销目标→搜集直播数据→分析和对比数据→总结经验教训"的流程开展。

- **回顾直播营销目标**：直播营销活动是围绕直播营销目标开展的，回顾直播营销目标可以直观判断直播营销效果是否达标。
- **搜集直播数据**：回顾直播营销目标后，需要搜集与直播营销目标相关的直播数据，以便评估直播营销效果。使用直播营销平台提供的数据分析工具可以快速搜集直播数据，提高数据收集的效率，如淘宝的生意参谋、抖音的数据中心、快手的主播中心等。
- **分析和对比数据**：分析和对比数据可以找出预期直播营销目标与实际直播营销效果之间的差距，为分析差距产生的原因提供依据，如高估了某个渠道的流量转化率、广告投放时间点有误、宣传文案的吸引力不足等。在评估直播营销效果时，主要将与直播营销目标相关的关键数据与直播营销目标进行比较，并通过对比来评估效果的好坏。
- **总结经验教训**：总结数据分析结果，分析直播营销活动成功或失败的原因，并总结经验和教训，以免同样的问题再次发生，保证下次直播营销活动的效果。

【任务实践】

实践1——预热直播营销活动

主题活动还有3天就开始了，粟森需要在线上预热直播，通过在抖音发布直播预热信息、在微博和微信等发布直播预热文案提升直播的热度，并让主播转发直播预热信息，合作互推。

微课：预热
直播营销活动

1. 实践要求

（1）设计直播预告内容。

（2）发布直播预热文案。

2. 实践步骤

（1）设计直播预热信息。直播预热信息要求简洁明了，这里可以重点突出直播主题和时间，如"11月20日14:00，邀您共同品味传统、共享未来"。

（2）创建直播预告。打开抖音的"开直播"页面，在其中点击"更多功能"选项，在打开的页面中点击"直播预告"选项，打开"选择预告"页面，点击 + 创建新预告 按钮，如图6-12所示。

图6-12

（3）设置直播预告。打开"新建直播预告"页面，设置开播时间为"11月20日周一14:00"，输入预告内容"11月20日14:00，邀您共同品味传统、共享未来"，点击"更多设置"选项，在打开的页面中默认开通"直播间内展示预告贴片"功能，以及"粉丝群自动提醒"功能，如图6-13所示。

图6-13

（4）设置提醒时间。点击"提醒时间"对应的"请选择"选项，设置提醒时间为"开播前30分钟"，然后点击"保存"按钮，返回"新建直播预告"页面，点击 + 创建新预告 按钮，待提示成功后查看审核进度，如图6-14所示。

图 6-14

（5）设计直播预热文案。直播预热文案中要突出本次主题活动的亮点，包括本地特产、具有地域特色的非遗文化和知名主播，因此可以将直播预热文案设计为"自然的馈赠从不吝啬，它给予每个地区同等的厚待，广东也不例外。那在时间中一层层累积起来的特殊地域风味，诸如色泽油润、甜而不腻的广式腊肠，营养而柔软、老少皆宜的流沙包、核桃包等；那惊艳了岁月、带着历史韵味的非物质文化遗产，如活跃的醒狮、精美的广绣等；还有汇聚于此的人杰，非遗传承人和知名主播小东等。我们邀您一起共享盛宴、品味传承，11 月 20 日 14：00，小东直播间、粟森抖音直播间等君前来。其他直播间入口 @ 容氏腊肉 @ 香酥乳鸽坊 @ 什井 @ 牛牛乳业 @ 淘好粉 @ 果饯坊 @ 曾蜜 @ 长寿山。"

（6）在其他平台发布直播预热文案。在微博和微信等平台发布直播预热文案，然后通过主播转发和其他品牌转发等方式扩大直播预热信息的传播范围。

实践 2——加热、分享直播间并录屏

直播开始后，其热度不如预期，粟森计划使用 DOU+ 加热直播间，并将直播间链接分享到其他平台，提升直播间的人气。DOU+ 的推广费用预计为 500 元左右，加热时长为 4 小时。同时，粟森还将设置直播录屏，以便直播结束后将精彩片段剪辑成短视频，促进主题活动的二次传播。

1. 实践要求

（1）使用 DOU+ 自定义版加热直播间。

（2）为直播设置录屏。

2. 实践步骤

（1）使用 DOU+ 加热直播间。在直播页面单击▪▪▪按钮，在打开的页面中点击"直播工具"栏中的"上热门"选项，打开"DOU+上热门"页面，点击"自定义加热"选项，设置下单金额为"500 元"、在意项为"直播间人气"、想吸引的观众类型为"系统智能推荐"、加热方式为"直接加热直播间"、期望曝光时长为"4 小时"，点击 支付 按钮投放 DOU+，如图 6-15 所示。

（2）分享直播间。在"直播工具"栏中点击"分享"选项。打开"私信给朋友"页面，

点击"生成图片"选项，点击"朋友圈"选项，如图6-16所示。打开微信主页面，通过"发现"页面进入朋友圈发布页面，输入分享文字，然后发布分享直播间的朋友圈文案，效果如图6-17所示。

图 6-15

图 6-16　　　　　　　　　　　　　　　　图 6-17

（3）直播录屏。在直播页面点击▭▭▭按钮，在打开的页面中点击"直播工具"栏中的"开始录屏"选项，开启直播录屏功能。

实践 3——开展抽奖活动

　　直播开始后，粟森在前 6 个产品讲解完后发放了红包，马上要到第二轮互动环节了，此次互动方式为抽奖。抽奖形式有两种，一是抖币福袋，

微课：开展
抽奖活动

中奖人数为 3 人，奖品为 10 抖币 / 人，参与条件为关注直播间；二是截屏抽奖，共截屏 5 次，每次中奖人数为 1 人，参与条件为输入指定口令，截屏中排在第一位的用户为中奖者，奖品为广式腊肠 1 份 / 人。

1. 实践要求

（1）设置抖币福袋，清楚告知用户参与条件和奖品信息。

（2）开展截屏抽奖，清楚告知用户参与条件和奖品信息。

2. 实践步骤

（1）开启抖音福袋功能。在直播页面点击■按钮，打开"功能"页面，点击"福袋"选项，如图 6-18 所示。

（2）设置抖币福袋。打开"抖币福袋"页面，设置人均可得抖币为"10"、可中奖人数为"3 人"，其余保持默认设置，点击 发起福袋(30抖币) 按钮发起福袋，如图 6-19 所示。

图 6-18　　　　　　　　　　　　　　　　　　　图 6-19

（3）开展截屏抽奖。先告知用户截屏规则和参与条件，然后呼吁用户广泛参与，待调动用户参与的积极性后，告知用户口令，如"品味传统、共享未来"，然后倒数之后截屏，告知用户中奖结果，并向用户展示截屏，让中奖用户截图留证，联系客服登记。

【综合实训】

（一）设置个人主播的直播间

1. 实训背景

小米是某音乐学院的学生，能歌善舞，乐理知识丰富，音乐素养也很高，其准备在抖音开设直播账号，成为才艺展示和乐理知识科普的主播。小米的首场直播计划在 12 月 3 日 18:00 开启，持续时间为 1 小时。

2. 实训要求

（1）根据小米的特长，策划直播账号设置方案，包括直播账号名称、头像、简介的设置。

（2）简要策划首场直播方案，重点策划直播内容，并设置直播页面。

3. 实训思路

（1）策划直播账号设置方案。根据小米的身份信息确定直播账号的头像和名称，并根据其特长设置直播账号的简介，如表 6-11 所示。

表 6-11

项目	设置思路	示例
直播账号头像	体现个人身份	如：个人真实照片
直播账号名称	体现小米的主播身份	如：小米
直播账号简介	体现小米的直播内容	如：热爱唱歌、跳舞的普通人

（2）策划整场直播脚本。本次直播的时长只有 1 小时，小米能歌善舞，那么可以把直播内容划分为 3 部分：唱歌＋乐理知识讲解＋跳舞。设计思路如表 6-12 所示。

表 6-12

项目	详细内容
直播时间	12 月 3 日 18:00—19:00
直播平台	抖音
直播主题	流行音乐及舞蹈分享
直播人员	小米
直播流程	
直播开场	打招呼并简单介绍本次直播内容
唱歌	选择最近热门的 5～6 首流行歌曲演唱，或者是演唱自己喜欢的歌手的歌
乐理知识讲解	简单分享自身对这些歌曲的看法以及其中蕴含的乐理知识
跳舞	选择几支最近热门的舞蹈进行表演
直播收尾	感谢大家的支持，并向大家告别

（3）设置直播标题和封面。根据本次直播的内容设计直播标题，选择与本次直播有关的图片作为封面，然后在直播页面设置好。

（二）加热和分享直播间

1. 实训背景

小米是初次直播，虽然有平台的扶持，但小米直播间的人数依旧较少。为此，小米准备使用 DOU+ 加热直播间，希望观看人数过百，并计划在微信朋友圈分享直播间，进一步提升观看人数。

2. 实训要求

采用快速加热的方式加热直播间，采用分享链接的方式分享直播间。

3. 实训思路

（1）打开"DOU+ 上热门"页面。打开直播页面，通过"直播工具"栏打开"DOU+ 上热门"页面。

（2）设置 DOU+。根据期望带来的观众人数设置 DOU+，并投放。

（3）分享直播间。打开"私信给朋友"页面，并复制链接，打开朋友圈发布页面，粘贴链接并输入分享文案，发布朋友圈分享直播间。

【思考与练习】

一、填空题

1. _____主要是通过分享知识或生活技能，在提高用户技能的同时，借助主播或嘉宾的分享来推广产品。

2. 直播过程中，因设备产生的风险有_____、_____、_____、_____等。

3. _____是一个全局性工作，_____需要围绕直播营销目标，对环节设定、人员分工和财务预算等进行统筹规划，并对直播营销进行简要说明。

4. _____是对直播营销互动执行过程中流程和内容的细致说明。

5. _____多用于直播暖场，其目的是让用户了解直播营销活动的内容、形式和组织者等信息。

6. 直播场地主要分为_____和室外场地。

7. 直播标题和封面是_____。

8. 直播预热是一项宣发性的工作，其目的是_____。

二、选择题

1.【单选】以下不属于主流直播营销平台的是（   ）。

A．淘宝直播　　　　B．京东直播　　　　C．YY 直播　　　　D．抖音

2.【单选】直播营销内容策划一般不包括（   ）。

A．直播营销方案　　B．直播脚本　　　　C．直播话术　　　　D．直播预热文案

3.【单选】直播预热文案"4 月 5 日零食专场，××直播间等你来！转发此条微博，抽 3 名小伙伴送小零食"，该文案运用了（   ）技巧。

A．抽奖　　　　　　B．借势　　　　　　C．价值包装　　　　D．突出亮点

4.【多选】直播营销的表现形式有（   ）。

A．直播＋电商　　　　　　　　　　　B．电商＋娱乐

C．直播＋发布会　　　　　　　　　　D．直播＋个人 IP

5.【多选】直播引流方式有（   ）。

A．加热直播间　　B．分享直播间　　C．连麦直播　　　D．公布奖品细则

三、简答题

1. 简述直播营销内容策划的工作内容。
2. 简述如何筹备直播场地和设备。
3. 简述直播开场话术的设计方法。
4. 简述直播营销活动的开展流程。
5. 简述整场直播脚本和单品直播脚本的区别。
6. 简述常见的直播营销策略。

四、操作题

1．某服饰品牌计划在新疆开展一场冬装新品走秀活动，突出产品的防寒保暖，促进产品的销售，同时还计划在抖音直播走秀活动。本次走秀活动共有 15 款产品，分为 3 个系列，每个系列 5 款产品：第 1 个系列以"破冰"为主题，主色为白色；第 2 个系列以"知暖"为主题，主色为栗色；第 3 个系列以"晓意"为主题，主色为淡青色。活动工作人员主要分为宣传组、筹备组、摄制组、主持人。请完成以下操作。

（1）根据上述信息策划直播营销方案。

（2）合理安排直播流程，并策划整场直播脚本。

（3）撰写直播预热文案，引导用户观看直播。

2．小莉自己开设了一家服装网店，主要卖自己设计的汉服，并通过直播营销汉服。近日，小莉设计了一款儿童穿的汉服（配套资源：\素材\项目六\汉服产品信息）。根据产品信息，为这款汉服策划单品直播脚本。

项目七
社群营销

任务一 认识社群营销

对青鸟来说，社群营销是一种较新的营销手段，看似简单实则不易，只有在充分了解其相关内容后，才有充足的把握建立属于本品牌的社群，并取得较好的营销效果。

【相关知识】

（一）社群营销的要素

从营销的角度来看，社群营销是个人或企业借助社群这一物质载体，面向社群成员开展的营销活动，其目的是加深社群成员（目标用户）对品牌及其产品或服务的认知，甚至在社群内部实现产品或服务的变现。其重点在于维护与目标用户的良好关系，在此过程中，需要准确把握社群营销的要素。

1. 社群营销对象

社群营销对象即目标用户，其决定了社群成员的组成，与社群营销主体所经营的产品或服务的目标用户基本一致。例如，某巧克力品牌社群的成员，与其巧克力产品的目标用户基本重合。一般来说，社群营销对象越精准，社群营销的效果越显著。

2. 社群构成要素

社群营销需要依托社群这一组织形式开展，通常情况下，运营良好的社群都具备以下五大要素。

（1）同好

同好是指拥有共同的价值观、共同爱好或共同兴趣，是社群成立的基本前提，也是群内成员共同行动的基础。根据价值观、爱好、兴趣的不同，可以形成不同的社群，如学习群、电影分享群。

（2）结构

结构即社群的圈层（不同层次的群体）结构，主要体现在社群成员的构成类别上，如核心成员、活跃成员、普通成员等。社群营销信息一般从核心成员依次向外部圈层传递，从而形成稳定的社群关系。明确社群结构可以让社群的信息传递更加有序，节省精力和时间。

（3）价值

价值是维系个人或企业与社群成员、社群成员之间关系的纽带，其本质是提供利益。一个能够持续发展的社群，必须能够为社群成员创造价值。为了让社群成员可以通过社群得到价值、产生价值，社群内必须持续地输出分享。

（4）运营

运营能够使社群保持活跃、具有凝聚力，提升社群成员的归属感，并使其自觉维护社群的发展和成长。运营过程中，应当注重营销活动的开展，如通过事件、主题活动、话题讨论等为社群成员提供良好的参与体验，同时活跃社群氛围、加深社群成员对社群的依赖。运营的关键在于对社群成员情感、态度等的精准洞察，以便采用恰当的方式开展运营。

（5）复制

复制可以扩大社群的规模，将成熟社群的结构及运营模式应用于新的社群，可以在短时间内以相对较低的成本形成一个大规模社群。当然，在复制之前，需要考量是否具备充足的人力、物力、财力，是否能培育引导社群良性发展的核心用户。

3. 社群文化

社群文化是社群长时间形成的独特文化，是社群成员行为习惯和共同价值观、思维方式和行为标准的集中体现，也是社群成员交流的"密码"。社群营销是利用社群文化来开展的，通过输出符合社群文化的内容，满足社群成员的需求，实现商业上的持续收益。

4. 社群数据

社群营销过程中，会产生很多数据，这些数据是社群的宝贵财富，也是社群持续营销的重要支撑。营销过程中，应当做好这些数据的记录和保存，并深入挖掘数据背后的信息，加以整理、分析和利用，把握社群成员的特征，预测社群成员的行为，以便开展更为精准的社群营销。

（二）社群营销的方式

根据社群成立者身份的不同（如专家学者、美妆主播、家电品牌商等），社群营销的主体也具有多样性，适用的营销方式也就不同。

1. 灵魂人物营销

灵魂人物是指社群中占据主导地位的人，是整个社群的核心，一般为具有人格魅力、出众能力的人，能够吸引用户加入社群，对社群的定位、发展和成长等拥有长远的考虑。以灵魂人物为主体的社群营销，就是借助灵魂人物在某一领域的影响力，吸引感兴趣的用户加入社群并开展营销。

（1）选择灵魂人物

灵魂人物营销对灵魂人物的要求较高，其需要具有独特的人格魅力和影响力，才能支撑社群的发展。一般来说，灵魂人物需要具备图 7-1 所示的一些特征。

图 7-1

高手秘技

意见领袖是传播学中的概念，是人际传播网络中经常为他人提供信息，并对他人施加影响的人，具有知识面广、威信较高等特征。

（2）与灵魂人物建立联系

选择好灵魂人物后，社群还要与灵魂人物建立联系，如直接围绕灵魂人物创建社群、邀请灵魂人物入驻社群、参加社群活动、在社群中持续分享经验和观点等。除此之外，社群应该有自己的核心团队，直接对灵魂人物负责，接受灵魂人物的安排，帮助社群更快、更好地发展。

（3）放大灵魂人物优势

灵魂人物通常拥有深厚的粉丝基础，利用其营销时，可以借助其影响力，吸引其个人粉丝加入社群，为社群引进新成员。同时，灵魂人物的专业性强、知识面广，其经验和知识储备对社群成员具有很强的学习和借鉴作用。可以将这一点作为利益点，在吸引用户加入社群的同时，持续为社群成员提供价值。此外，通过灵魂人物与社群成员之间的交流互动，增进社群成员对灵魂人物的信任感和对社群的归属感，并促进产品或服务的变现。

2. 价值营销

价值营销就是通过向用户展示其在社群中能够获得的知识等，吸引用户加入社群，并通过源源不断地输出高价值的内容，增强社群成员与社群之间的黏性。价值营销要求社群能够给社群成员提供有用的知识、经验，并能切实满足社群成员的需求、解决其问题。价值营销重在价值输出，这需要营销人员掌握价值的输出方式。

（1）讨论输出

讨论是价值输出的重要方式。讨论输出是指在社群中引导社群成员就相关话题进行讨论，从而输出价值。选择讨论话题时，可以选择一些具有争议性或两面性的内容，以便更好地引发社群成员的讨论，在输出有价值的内容的同时，活跃社群氛围。

（2）直播输出

直播输出是通过开设直播的方式，将知识、经验等分享给社群成员，如直播课程、直播访谈、直播带货等。进行直播输出时，社群需要拥有一个专业的策划团队，以及有名气的讲师，以便清晰、完整地将信息传递给社群成员。

（3）图文或小程序输出

图文或小程序输出主要是在社群中，直接发布带有营销信息的图文或者小程序链接，然后引导社群成员点击图文或小程序链接查看信息详情，进而做出浏览、转发、收藏、咨询、购买等行为，促进营销信息的转化。

3. 社群文化营销

社群文化就是社群中包括目标、规则、福利、口号以及 Logo 等在内的一种社群精神。例如，小米社群的口号"为发烧而生"，就体现了该社群的内在精神。在社群营销中，依靠社群文化进行营销，就是通过各种手段宣传、强调社群文化，进而引起对该文化感兴趣的用户的好奇心，吸引其自发了解和加入社群。开展社群文化营销时，需要把握以下要点。

- **强化社群成员的信任**：社群成员对社群的信任度影响着其对社群文化的认同度，社群成员对社群有足够高的信任度，社群才能拥有和谐、积极的社群氛围，而好的社群氛围也正是社群文化形成的条件之一。
- **明确社群标签**：社群标签指社群给社群成员留下的印象，能够影响社群成员对社群的评价。一般来说，多元化的标签，可以促进社群的发展。
- **树立社群价值观**：社群价值观是指社群成员对不同事情的认知、理解、判断或抉择。拥有自己的价值观的社群，能够引导社群成员在社群中的行为，规避其可能为社群带来的风险，同时方便社群成员之间更好地交流互动，提高社群凝聚力。
- **增强社群成员归属感**：要增强社群成员的归属感，可以在社群中举办各种各样的线上线下活动，利用奖品等吸引社群成员参与，增强其参与感，或制造话题让社群成员进行互动，提高社群成员的活跃度。

【任务实践】

实践 1——做好社群营销准备

青鸟的核心业务主要为国际教育（雅思、托福两门课程尤为突出）、大学生考试（以考研为主）培训以及线上成人教育，这 3 项业务在总销量中的占比超过 60%，是青鸟的核心支柱。青鸟计划围绕这 3 项核心业务开展社群营销，发挥核心优势，提高产品销量和品牌知名度。在制定社群营销策略之前，青鸟需要明确营销的对象和建立的社群类型。

1. 实践要求

（1）根据核心业务明确社群营销的对象。

（2）根据社群的构成要素以及建群目的等确定社群性质。

2. 实践步骤

（1）明确社群营销对象。根据青鸟的核心业务可知，其主要目标用户为有出国留学需求的人、有学历提升需求的大学生、有意愿再接受系统教育的成年社会人士。青鸟将就核心业务开展社群营销，因此，营销的对象应主要为这 3 类用户。

（2）明确社群性质。这 3 项核心业务的目标用户不同，用户的兴趣爱好甚至需求也就不同，为此，应当予以区分，围绕不同的业务分别建立社群。具体可以根据每个业务的不同课程而定，如以雅思考试课程为主建立雅思考试群、以考研课程为主建立考研学习群。

实践 2——选择社群营销方式

青鸟作为一个成立多年的教育培训机构，始终以诚信负责、协作创新作为品牌文化，多年来，其创始人不仅拥有了较高的知名度，还积累了丰富的教学资源和众多知名讲师，创始人开创的青鸟教育模式也被众多教育培训机构学习和借鉴。然而，拥有这么多资源的青鸟却犯了难，采用什么样的营销方式才能运用好这些资源？不同阶段使用哪种营销方式更为合适？

1. 实践要求

（1）根据青鸟的情况选择合适的营销方式。

（2）明确不同营销方式的使用阶段和方法。

2. 实践步骤

（1）匹配营销方式和资源。将常用的社群营销方式与青鸟的情况进行匹配，并分析该营销方式的可行性，如表 7-1 所示。

表 7-1

营销方式	青鸟情况	可行性分析	分析结果
灵魂人物营销	知名创始人、知名讲师	领域分析：与品牌所处领域一致	灵魂人物显著，可行
		特长分析：专业知识储备丰富，且创始人是教育培训新模式的开创者	
		影响力分析：皆具有知名度	

续表

营销方式	青鸟情况	可行性分析	分析结果
价值营销	丰富的教学资源、知名讲师	从青鸟的社群中，用户可以获得众多学习资源、讲师专业辅导、品牌保障等	多重价值可供输出，可行
社群文化营销	品牌文化：诚信负责、协作创新	体现的是品牌精神，而非社群内在精神，可能吸引有相似看法的讲师，无法引起用户的兴趣	不可行

（2）选择营销方式。根据分析结果可知，灵魂人物营销和价值营销更适合青鸟。

（3）明确使用阶段和方法。知名创始人和知名讲师是青鸟的招牌，对有考托福、雅思和考研等需求的人有着较强的吸引力，那么可以在拉新阶段使用灵魂人物营销，为社群引进新成员。教学培训是青鸟的基石，青鸟拥有的丰富教学资源、知名讲师等既是其开展教学培训的基础，也是不断创造价值的源泉，因此在引入新成员后便可以将价值营销作为主要的营销方式持续使用。

任务二　社群营销准备

经过初步分析，青鸟决定先围绕雅思培训课程创建社群，进行初步的社群营销实践。为了确保社群营销的成功开展，青鸟需要做好充分的准备工作。

【相关知识】

（一）创建社群

社群作为社群营销的要素，是必不可少的，因此，在开展社群营销之前，首先要对社群本身有清晰的定位和认知，并围绕该定位创建社群，为后续规划营销路径提供明确的指向。

1. 明确社群定位

社群定位的过程也是不断明确社群营销目的的过程，在此过程中，需要明确 5 个方面的内容，即建群目的（Why）、社群价值（What）、建群平台（Where）、社群成员构成（Who）、创建和运营时间（When）、变现方式（How），也就是所谓的 5W1H。

（1）建群目的（Why）

建立社群的目的多种多样，不同的目的适合采用的营销策略不同。常见的建群目的如下。

- **销售产品**：在这一目的的驱动下，社群作为产品销售的窗口，所有的营销活动都围绕提高产品销量开展。
- **提供服务**：提供服务是指品牌通过社群，为社群成员提供答疑解惑、信息咨询等服务，作为一种增值服务。
- **拓展人际关系资源**：将社群作为人际关系资源聚集、交换的平台，在创建这类社群时，通常需要准确切中用户的需求，如是创业指导还是行业交流等。
- **聚集同好**：基于学习、跑步、跳舞等兴趣爱好创建社群，其核心是吸引一批具有共同兴趣爱好的人，使兴趣爱好通过社群继续维持下去。

- **打造品牌：** 基于这一目的创建的社群，通常是利用社群与社群成员建立紧密的联系，建立深层次的情感连接，深化社群成员对品牌的认知、促进品牌口碑的传播。

（2）社群价值（What）

社群营销成功的前提是社群能够给社群成员提供价值，满足其在某一方面的需求。例如，提供好用实惠的产品、优质的品牌会员服务，或提供与具有相同兴趣的人交流的平台。一般来说，在思考社群可以给社群成员带来的价值时，应当注意以下要点。

- 价值尽可能契合痛点。
- 价值要具体。
- 价值要有产生经济回报的载体（即能够变现）。

（3）建群平台（Where）

社群一般在某一新媒体平台上创建，如QQ、微信等。同一品牌可以只在某一平台建立社群，也可以多平台布局，具体可以根据平台的功能设置和目标用户的使用习惯而定。

- **根据平台功能设置选择：** 不同新媒体平台的功能设置存在差异，如群人数、可建群数量、玩法等。例如，就玩法而言，QQ群支持发布群公告、接龙、设置群作业、发红包、开展群课堂等，微信群支持发红包、接龙、分享小程序、直播等。
- **根据用户使用习惯选择：** 受多种因素的影响，用户使用的新媒体平台会有所差别，如工作人士大多使用微信，学生大多使用QQ。

（4）社群成员构成（Who）

一个运营良好的社群一般由7类人群构成，即社群创建者、管理者、参与者、开拓者、分化者、合作者、付费者，不同的人群在社群中承担着不同的功能。

- **社群创建者：** 社群的创建人，一般为具有人格魅力、出众能力的人，具有一些吸引用户加入社群的特质，能够对社群的定位、发展和成长等具有长远且正确的考虑。
- **社群管理者：** 社群中负责管理各项事务的人员，应具备良好的沟通、协调、决策与执行能力，拥有大局观，能公正严明、以身作则。
- **社群参与者：** 一般为社群的目标用户。社群中需引入多种风格的社群参与者，以提高社群的活跃度，提高社群成员的参与热情，保证社群的健康发展。
- **社群开拓者：** 社群的核心发展力量，须具备能谈判、善交流的特质，能主动宣传和推广社群，为社群注入新鲜血液，并能促成社群的各种商业合作。
- **社群分化者：** 一般具有非常强的学习能力，能够深刻理解社群文化并参与社群的建设，是社群裂变的关键人员。
- **社群合作者：** 与社群彼此认同、理念相同、具备同等资源，可与社群互惠互利的企业或组织，其与社群的关系可以是资源的互换、经验的分享、财力的支持等。
- **社群付费者：** 能够付费购买社群产品或服务的社群成员，能为社群的发展提供资金支持，能积极参与社群的活动，保证社群的活跃度。

（5）创建和运营时间（When）

一般来说，当需要营销的时候，便可开始创建社群。但社群通常有一定的生命周期，即萌芽→高速成长→活跃互动→衰亡，当社群带给社群成员的利益不再满足其需求后，社群将走向衰落。因此，需要合理设定社群的运营时间，尽可能在生命周期内获得理想的营销效果。

（6）变现方式（How）

社群营销常见的变现方式有两种：一种是从社群内部获取经济收益，如收取会员费、课时费等；另一种是从社群外部获取经济收益，如收取想要在社群中发布广告的品牌的广告费，或与其他定位的社群或品牌开展跨界营销变现等。

2. 设置社群名称

社群名称是社群的重要标识，体现了社群的定位。设置社群名称是建立社群的首要任务，该名称既要方便用户辨认，又要能够突出社群定位、适合传播。常见的社群命名方法如图 7-2 所示。

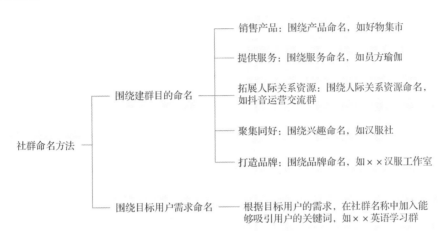

图 7-2

3. 确定社群口号

社群口号是对社群文化的总结和提炼，常作为宣传社群的广告口号或标语使用，通常为简短、精练的一句话。良好的社群口号，可以起到宣传品牌精神、反映社群定位、丰富成员想象、使社群名称和标识清晰的作用。社群口号的确定方法如表 7-2 所示。

表 7-2

确定方法	详细说明	示例
体现社群的功能特点	通过一句话来描述社群的功能或特点	读书社群——每日分享，读懂那些你来不及读的书
突出社群提供的利益	以社群能够提供的利益作为口号	学习群——免费分享计算机知识和技巧
突出社群的情感价值	以精神层面的情感价值作为社群口号，吸引认可社群价值观、世界观的用户	南极圈社群——做对腾讯人最有用的圈子

高手秘技

社群口号可以随着社群的发展，结合社群特点和社群成员的变化，进行适当调整。一般而言，社群建立初期的口号常着重突出社群的功能特点、社群提供的利益，以快速吸引用户加入社群，占据市场领先地位。发展到一定阶段的社群或具有一定成熟度的社群，其口号会重点强调社群的情感价值，增强社群的核心竞争力。

4. 设计社群Logo

社群Logo是区分不同社群的重要标识元素，应当能反映社群特征。具体设计时，可以采用社群名称文字变形（如正和岛的社群Logo，如图7-3所示）、突出社群功能（如果壳网的社群Logo，如图7-4所示）、结合社群名称与社群定位（如荔枝汇的社群Logo，如图7-5所示）等方法进行设计。

图7-3

图7-4

图7-5

（二）制定社群规则

无规矩不成方圆。制定合理的社群规则不仅可以规范社群成员的行为，还可以使社群的运行更加有序，营造和谐的社群氛围。

1. 引入规则

引入规则是社群的准入门槛。当前，不少社群为了快速扩大规模，并未设置准入门槛，但这导致引入的用户不精准，无法开展精准营销。因此，为社群设置准入门槛，不仅可以保证社群成员的质量和精准性，还可以让社群成员珍惜加入社群的机会。常见的引入规则如下。

- **邀请制：** 邀请制指通过群主或管理员邀请加入社群，社群不对外开放，适用于规模较小或专业性较强的社群，如秋叶PPT的"69群"。邀请制社群对社群成员的能力要求较高，并可能有一些附加的条件，社群成员必须在社群中体现出自我的价值。

- **任务制：** 任务制指必须完成某项任务才能成为社群的成员。任务制社群受社群的规模、性质等的影响，任务的难度有高有低，如一些规模较大的社群可能将填写报名表、注册会员、转发集赞等作为考核任务，而一些专业性较强的社群则可能将提供作品、证书等作为考核任务。

- **付费制：** 付费制的准入门槛是需支付一定的费用，其常见模式是付费入会、付费购买产品。不同社群的费用不同，一般根据社群的定位与资源进行定价。

- **申请制：** 申请制类似于工作面试，需先向社群投递申请，通过后续的面试或考察等后方可成为社群成员。这种引入规则要求申请者具备一定的才能，才能在众多竞争者中脱颖而出。

- **举荐制：** 举荐制指由社群成员推荐引入新成员，适用于知识型或技能型的社群，但举荐名额一般有限制。这种引入规则下，受举荐人的影响，被举荐人能够更好地融入社群。

高手秘技

　　社群引入规则的核心作用是筛选社群成员，在设置规则时，可以同时实行多种规则。例如，某社群的引入规则为"由社群成员介绍，并需要支付一定的费用"，便同时采用了举荐制和付费制两种规则。

2．内容发布规则

内容发布规则指在社群中发布内容时需要遵守的规定，包括可发布内容规定、禁止发布内容规定等。

- **可发布内容规定**：可发布内容一般是有价值的、与社群相关的内容。例如，可规定"本社群鼓励大家分享与社群相关的、有价值的内容，如经验、知识、资源等，以促进有意义的交流和互动"。
- **禁止发布内容规定**：禁止发布内容通常是危害社群稳定、影响社群氛围的内容。例如，可规定"本社群禁止发布涉违法、低俗、歧视等不当内容，未经允许严禁发布广告"。

3．激励规则

设置恰当的激励规则，可提高社群成员的活跃度、参与度，增加社群的凝聚力。社群激励规则一般包括考核规则和奖励规则两个部分。

- **考核规则**：对社群成员的相关行为进行考核，可结合日常规则使用，并使用积分制度将社群成员的考核结果以积分的形式展示出来。例如，积极参与社群活动积3分，在社群活动中积极互动积1分等。
- **奖励规则**：对考核成绩优秀的社群成员进行奖励，其形式可以是现金、实物、优惠等。如考核排名第一的社群成员，可获得一张时效为一年的满500元减50元的优惠券等。

4．淘汰规则

淘汰规则就像身体的新陈代谢一样，淘汰掉不利于社群发展的社群成员，从而帮助社群长久保持活力和生命力。同时，淘汰规则还可以给社群成员制造一定的压力，迫使其进行自我约束，并输出有价值的内容，进而提高社群的整体质量。

- **人员定额制**：人员定额制指规定社群成员的总人数（如69人），一旦超过规定人数，则剔除一些社群成员（基本上是长期不发言、参与度比较低的社群成员），以保证社群始终处于活跃状态，可以持续开展社群营销。
- **犯规剔除制**：犯规剔除制指将违反社群规则的社群成员淘汰掉，如剔除发布煽动性言论、引战言论、垃圾广告的成员。为保证社群的正常秩序，可根据犯规次数及程度设置不同的惩罚，如对首犯且程度低的社群成员予以警告，将屡教不改或程度严重的社群成员剔除等。
- **积分淘汰制**：积分淘汰制指对社群成员的行为给予积分奖励或惩罚，设置积分标准线，定期统计社群成员的积分，将积分不足的社群成员剔除，重新引进新成员。

（三）社群拉新

社群拉新的主要作用是为社群引进新成员，拉新的效果与拉新方法和引流文案的质量等密切相关。

1. 拉新方法

社群拉新主要涉及线上和线下两个渠道，受线上和线下渠道特点的影响，形成了不同的拉新方法。

（1）线上拉新

线上拉新即从线上平台为社群引进新成员，常见的方式如下。

- **公共频道拉新**：在新媒体平台的公共频道中发布拉新信息，吸引用户加入社群。这些公共频道的流量一般比较大，且流量获取不设限，在此发布拉新信息可以保证信息扩散的广度，如抖音的推荐频道。
- **将粉丝转化为社群成员**：如果品牌开设有个人微信号、微博账号、企业微信号或粉丝群等，且积累了一定数量的粉丝，可以将社群成立的消息告知粉丝，并阐明入群的好处，引导粉丝加入社群，促进粉丝的转化。

（2）线下拉新

线下拉新主要针对两类品牌，一是有线下门店的品牌，二是知名度较高的品牌。

- **线下门店拉新**：对于有线下门店的品牌，可以在门店显眼处（如收银台）摆放印有社群二维码的海报、卡片等，引导用户扫描二维码加入社群，同时还可以通过门店优惠、小礼品等增强用户加入社群的意愿。
- **高知名度品牌线下拉新**：这类品牌可以通过开展线下活动、安排专人地推等方式，以品牌名誉为保证，以利益吸引用户加入社群。

2. 引流文案

社群引流文案常用于社群拉新，优质的社群引流文案可以帮助社群快速吸引用户，引进更多的社群成员。表 7-3 所示为社群引流文案的写作技巧。

表 7-3

写作技巧	详细说明	示例
说明入群的好处	根据用户的痛点，提出解决方案	5 个方法突破职业迷茫期"个人发展战略营"开营
	利益刺激	涨薪攻略免费派送中，先到先得
权威证明	名人推荐、名师授课，或展示社群获得的成绩等	加入本群获取最新前沿资讯，还可以与众多名人交流
提供入群方式	通过二维码或链接等引导用户入群	扫码加入社群

（四）保持社群活跃度

社群活跃度是影响社群营销效果的重要因素，通过增强社群成员之间的联系和增强社群成员的参与感，可以营造出更加活跃的社群氛围，为社群营销创造良好的条件。

1. 增进成员联系

社群成员之间的联系越深，越容易产生交流互动，进而形成良好的互动关系。常见的增进成员之间联系的技巧如下。

- 主动在社群中分享自身的想法等，引起其他社群成员的情感共鸣。
- 主动关注其他社群成员的微信公众号或朋友圈，并积极点赞、评论或打赏。
- 主动帮助其他社群成员，为他们答疑解惑甚至介绍资源等。
- 积极参与社群线下活动，如线下交流会、美食品鉴会等。
- 积极回应其他社群成员的分享，让他们感到被关注、被尊重。

2. 提高成员参与感

保持社群活跃度还有赖于提高社群成员的参与感。在此过程中，社群需要为每一位成员创造参与社群建设或活动的机会，在恰当的时间，采用恰当的方式，营造良好的互动氛围，提高社群成员参与的积极性。

- **时间**：提高社群成员参与感的重要方式之一是开展社群活动，而社群活动的时间选择非常重要。一般来说，线下活动最好在每月的固定时间举行，以便养成社群成员的参与习惯；线上活动的可选时间较多，如起床到上班的时间段、午休时间段、下班通勤时间段、晚饭后等，具体的时间需要根据社群成员的空闲时间来确定。
- **形式**：一般来说，要尽可能多地调动大部分社群成员参与的积极性，要降低活动参与门槛、减少社群成员的准备工作，且参与形式要简洁明了，并具有一定的互动性和趣味性，能够让大家放松。常见的活动形式有轻微吐槽、晒早餐照等。
- **氛围营造**：良好的互动氛围是提高社群成员参与积极性的基础。首先可以通过积极引导（如主动分享）打消社群成员的顾虑，然后积极回应参与活动的社群成员，保护其积极性，最后通过各种方式激励（如物质激励）社群成员踊跃参与，形成良性循环。
- **私聊"潜水"成员**：部分社群成员会因为各种原因慢慢沉寂下去，这时可以尝试主动与这些社群成员进行一对一的私聊，询问他们互动少的原因，然后引导他们回归社群。

（五）推广社群

社群营销有赖于坚实的用户基础，而推广社群有助于获取更多的用户，为社群带来更多的效益。

- **拼团**：为某产品或服务设置团购优惠价，让想要购买该产品或服务的用户邀请其他用户一起拼团购买，在邀请中实现社群的推广。需要注意的是，拼团的人数不宜过多，其拼团的产品或服务应是大多数用户需要的。
- **邀请有礼**：设置邀请奖励，明确用户邀请新用户加入社群后可以获得的奖励，从而促进用户自主推广社群。这种方法既适用于初创期的社群，也适用于成熟社群。
- **互利**：与邀请有礼类似，但不同点是通过利益刺激社群成员分享社群，分享成功后除了该社群成员可以获得奖励外，被分享用户也可以获得奖励，互利互惠，在分享中实现社群的推广。
- **群成员转推**：由社群成员自发推广社群，这种推广行为建立在社群成员对社群高度认可的基础上，适合有一定资源优势和口碑的成熟社群。

【任务实践】

实践 1——创建会员社群

青鸟雅思课程的主要购买力为付费会员，付费会员的主要构成用户是 18 ～ 25 岁、有出国留学需求的年轻用户。为了更好地维护与付费会员的关系、进一步促进雅思课程的转化，青鸟将建立微信社群，提升会员权益的附加价值。

1. 实践要求

（1）根据雅思课程的基本信息及建群目的，做好社群定位。

（2）设置社群名称。

2. 实践步骤

（1）明确社群定位。根据雅思课程的社群信息及建群目的明确社群定位。社群为雅思课程的会员群，付费会员可以享受的雅思课程的会员权益即为该社群可提供的价值。社群定位如表 7-4 所示。

表 7-4

项目	详细说明
建群目的	维护与付费会员的关系、进一步促进雅思课程的转化
社群价值	付费会员权益、附加价值
建群平台	微信
社群成员构成	社群创建者——社群营销人员，社群管理者——雅思课程相关讲师，社群参与者——雅思课程付费会员
创建和运营时间	创建时间：尽快；运营时间：一年，每年更换新的成员
变现方式	销售雅思课程

（2）确定社群名称。该社群是青鸟专为雅思课程的付费会员建立的，因此可以围绕建群目的来设置，如"青鸟雅思会员群"。

（3）确定社群口号。本社群聚集的是一群有出国留学需求的年轻用户，希望通过雅思考试，这正与社群的价值密切相关，因此可以从突出利益入手，将社群口号确定为"帮你轻松过雅思"。

（4）设计社群 Logo。该社群隶属青鸟旗下，因此可以不用特意再设计 Logo，直接使用青鸟的品牌 Logo 作为社群 Logo。

（5）创建微信社群。由社群营销人员打开微信 App 主页面，点击右上角的⊕按钮，在展开的列表中点击"发起群聊"选项，打开"发起群聊"页面，选择通讯录中的社群营销人员、雅思课程相关讲师，点击█████按钮。

（6）修改群聊信息。进入群聊页面，点击右上角的┅按钮，打开"聊天信息"页面，点击"群聊名称"选项，在打开的页面中设置群聊名称为"青鸟雅思会员群"，点击█████按钮，如图 7-6 所示。点击"群管理"选项，设置雅思课程相关讲师为群管理员，设置后的效果如图 7-7 所示。

图 7-6　　　　　　　　　　　　　图 7-7

实践 2——制定社群规则并规划营销内容

青鸟雅思会员群虽然是一个新成立的社群，但也影响着品牌在用户心中的形象。为了方便后续管理，青鸟需要制定社群引入规则和内容发布规则。

1. 实践要求

（1）根据社群的主要参与者制定社群引入规则。

（2）根据社群性质制定内容发布规则。

2. 实践步骤

（1）制定社群引入规则。一方面，该社群的社群成员为付费会员，意味着社群需要付费才能进入，由此确定社群的第一条引入规则——付费入群。另一方面，雅思课程付费会员付费后需要借助一定的桥梁进入社群，同时，后期还会根据其他课程建立社群，为免进错社群，需要人为分流，由此诞生社群的第二条引入规则——邀请入群，在会员付费后第一时间由专人邀请付费会员进入对应的社群。

（2）制定内容发布规则。该社群作为雅思课程会员群，其核心内容是关于雅思课程的内容，是为了帮助付费会员通过雅思考试，因此可发布的内容只能与雅思课程相关，其余内容不允许发布，由此将内容发布规则制定为"本群鼓励大家友善交流、互帮互助。禁止发布：法律法规禁止的内容；损害他人合法权益的内容；与青鸟雅思课程无关的广告、产品链接、直播链接、其他内容。"

（3）发布内容发布规则。使用群公告的形式，将内容发布规则告知所有社群成员，发布效果如图 7-8 所示。

图 7-8

实践 3——为会员社群引入新成员

除了将已经购买雅思课程会员权益的用户引进会员社群外，青鸟还需要持续扩大用户群体，为社群引进更多的新成员。考虑到当前的营销渠道只有微信公众号、官网和社群，青鸟决定采用公共频道拉新的方法，打通现有渠道，将微信公众号、官网中的流量引进社群。

1. 实践要求

（1）为微信公众号、官网和社群建立连接，将微信公众号、官网中的流量引进社群。

（2）撰写社群引流文案。

2. 实践步骤

（1）细化社群拉新方法。按照青鸟的设想，要从微信公众号和官网中引流。引流时，需要采用一些对用户吸引力强的方法，如免费体验课程／领取免费资料，由此设计微信公众号、官网和社群之间的通路，如官网弹窗／微信公众号菜单栏→用户免费体验课程／领取免费资料→用户填写资料→用户享受福利→营销人员推荐用户以会员价购买课程→营销人员引导用户入群。部分示例如图 7-9 所示。

图 7-9

（2）撰写社群引流文案。会员价本身就带有一定的优惠，因此，以会员价购买课程的用户不一定愿意进入社群，除非社群可以提供其他价值。那么这时候就可以向其详细地说明入群的好处，如"加入青鸟雅思会员群，不仅有名师随时解答问题，还有'学习搭子'互相加油打气，更有每日学习计划准时发布。扫描右侧二维码，向社群前进！"。

任务三　开展社群营销活动

青鸟雅思会员群的氛围较为冷淡，继续保持这种状态将不利于社群的发展。经过思考，青鸟决定开展社群营销活动。

【相关知识】

（一）社群打卡

社群打卡是指社群规定社群成员每天在固定时间需要完成特定任务的活动形式，其能够培养社群成员的良好习惯，能够监督和激励社群成员完成任务，使社群成员不断进步。在进行社群打卡时，需要设置合理的打卡规则，并营造良好的打卡氛围，促使社群成员自觉打卡。

1. 设置打卡规则

为保证社群成员能够坚持打卡，需要针对打卡活动，设置合理的规则，刺激社群成员的打卡积极性。

- **押金规则**：押金规则指社群成员加入社群前，需缴纳一定押金，在规定时间内，若完成目标则退还押金；未完成目标的成员的押金，则自动转为奖金，按比例奖励给表现优异的成员。使用押金规则时，可设置相应的积分规则，在初始积分的基础上进行加减，作为最后的评判标准。
- **监督规则**：监督规则指社群管理者对打卡情况进行统计、监督和管理，定期将整个社群的打卡情况以图片、消息、文档或群公告的形式发送到社群中，激励社群成员坚持打卡。
- **激励规则**：激励规则指定期给予表现优异的社群成员奖励，以激发社群成员的积极性。奖励的形式多种多样，可以是红包、徽章、头衔等。
- **淘汰规则**：淘汰规则指将打卡完成度低的社群成员淘汰，或给予惩罚，或让其通过某种方法弥补。

营销人员可根据打卡的进展情况对打卡规则进行总结，分析其优劣势，对其进行优化、升级，保持社群成员打卡的积极性。

2. 营造打卡氛围

一个良好的打卡氛围有助于社群成员养成坚持打卡的习惯，深化社群成员之间的情感联系。

- **树立榜样**：榜样指一种可以激励社群成员不断成长、前进的力量。在社群中，可将表现好、有恒心、能激励其他成员的社群成员，或往期打卡活动中表现良好的成员，或本次打卡活动中最积极的成员，挑选出来作为榜样。需注意，社群的营销人员，同样需要扮演榜样的角色，带动其他社群成员。
- **互相鼓励**：大部分加入打卡社群的成员都是为了让自己变得更好，但打卡需要长期坚持，所以同伴的鼓励对于社群成员来说就尤为重要。社群成员在同伴的关注和鼓励下，更容易产生继续打卡的动力，进而促进社群成员不断自我激励，完成更多事情。
- **设置竞争**：在社群中设置竞争机制，可以调动社群成员的积极性，营造良好的打卡氛围，如对积极打卡的社群成员给予更多特权和奖励。设计竞争机制时，可将社群成员分为不同的组或层级，定期考核打卡成绩，将不同组之间进行比较，促使社群成员产生竞争心理，调动打卡的积极性；或让优秀者晋级，不合格者降级。
- **提供惊喜**：提供惊喜指不定时为社群成员发放一些意料之外的福利，如向积分最高的成员赠送名师签名等。提供惊喜可以为社群成员带来新鲜感，让他们觉得加入社群物超所值。

- **调动情感**：社群成员之间需要以一定的情感为基础才能更好地连接在一起，因此在打卡过程中，可以通过挖掘社群成员的打卡故事，如××每天坚持在某一时间打卡等，与其他社群成员之间形成对比，通过对比激发其他社群成员的愧疚感、好胜心、敬佩感等。

（二）发放社群福利

在开展社群营销时，需根据营销目标和社群成员的需要，提供一定的福利，激发社群成员的积极性，增加社群活动的参与人数。

- **物质福利**：对表现优异的社群成员提供物质奖励，一般为实用物品，或是具有社群特色的代表性物品，如社群徽章、社群定制纪念品等。
- **现金福利**：对表现优异的社群成员提供现金奖励，多为奖金的形式。
- **优惠福利**：对表现优异的社群成员在其再次购买课程时给予优惠，如减少课程费用、赠送额外的讲师辅导等。
- **荣誉福利**：对表现优异的社群成员提供相应的荣誉奖励，如奖杯、勋章、特定头衔等。合理的荣誉福利能大幅度地提高社群成员的积极性。
- **虚拟福利**：对表现优异的社群成员提供暂时虚拟的奖励，如积分，当积分积累到一定额度的时候，就可以领取相应的实际奖励。

（三）发放社群红包

发放红包不仅能够有效活跃社群氛围，还能增加社群凝聚力。常见的红包玩法如下。

- **拼手气红包**：红包发起人在红包页面设置红包总金额、个数和祝福语等，社群成员靠运气获得不同金额的红包。
- **普通红包**：红包发起人设置红包个数、单个红包金额并发布后，社群成员可点击红包领取，每个红包的金额一致。
- **专属红包**：专属红包针对特定的社群成员，红包发起人设置红包领取对象、红包金额后，只有指定的领取对象才能领取该红包。
- **接龙红包**：红包发起人设置红包金额、个数和成语，社群成员需要根据成语最后一个字的音，给出相应成语并发送，才能领取不同金额的红包。
- **语音红包**：红包发起人设置红包金额、个数和语音口令，社群成员通过念出语音口令并发送到社群中，领取不同金额的红包。
- **口令红包**：红包发起人设置红包金额、个数和文字口令，社群成员需发送文字口令，才能领取不同金额的红包。

（四）开展社群线下活动

相比社群线上活动而言，社群线下活动更容易促进社群成员之间建立情感联系，加强社群成员对社群的归属感。

1. 线下活动的类型

社群线下活动包括核心成员聚会、核心成员和外围成员聚会、核心成员地区性聚会等，核心成员和外围成员聚会人数多，组织难度大，而核心成员地区性聚会则方便组织，容易成功。开展社群聚会活动时，可以以消息、视频、图片等形式将实况发布到社群或社交平台，扩大社群的影响力，加强社群成员的黏性，持续激发和保持社群的活跃性，刺激更多成员积极参与线下活动。

2．线下活动开展流程

社群线下活动根据规模的大小，会表现出不同的组织难度。为了保证活动的顺利开展，在活动开始前应确定好开展流程。

（1）制订活动计划

无论开展什么样的活动，做好活动计划都是必不可少的。有计划的活动更具有针对性，更容易激发社群成员参与的积极性。

首先，明确活动的目的，包括增进社群成员感情、培养社群管理运营人才、宣传营销信息等。

其次，确定活动形式，并确定活动名称、举办日期、报名方式、活动地点、活动流程、费用、奖品等。

（2）策划活动内容

对于社群线下活动，高品质的活动内容是关键，只有拥有优质的活动内容，社群成员才会对活动产生兴趣和期待。同时，精心策划的活动还能为下一次活动做好铺垫，在社群成员中积累口碑，吸引更多的用户加入社群，扩大社群的影响力。具体策划时，可参考前文活动策划的相关内容。

（3）宣传推广活动

一方面，可以在线上推广社群线下活动，如在微信公众号、微博等发布宣传文案；另一方面在活动开展过程中，还可以直播活动，扩大活动的传播范围。

（4）总结复盘

活动结束后，需要收集参与人员对活动的反馈，并总结活动效果，为下一次的线下活动积累经验和提供改进意见。

【任务实践】

实践1——开展社群打卡活动

青鸟计划在社群开展为期3个月的线上打卡活动，以提高社群成员的参与度和黏性，帮助他们更好地备考雅思。该活动旨在通过社群打卡的形式，鼓励会员每天坚持学习和备考，养成良好的学习习惯，同时增强会员之间的联系和互动。

1．实践要求

（1）策划简易的社群打卡活动方案，方案中须包含活动主题、活动形式、活动时间、活动内容、活动奖励。

（2）撰写活动文案，并使用群公告的形式发布活动文案。

2. 实践步骤

（1）策划活动方案。就活动主题而言，该活动本身是一个打卡活动，结合社群成员备考雅思的需求，可以将活动主题确定为"雅思备考每日打卡挑战"。就活动时间而言，时间不能太短，以免消磨社群成员的打卡积极性，如"每天 9:00—21:00"。就活动内容而言，可以围绕雅思课程将其分为 3 个部分，如每日学习任务、互相点评、老师指导。完善内容并整理成表格，形成最终的活动方案，如表 7-5 所示。

表 7-5

项目	详细说明
活动主题	雅思备考每日打卡挑战
活动形式	社群打卡
活动时间	每天 9:00—21:00
活动内容	每日学习任务：活动时间内，社群成员需要在社群内领取学习计划，按当日计划发布相关的学习照片或截图
	互相点评：社群成员之间互相点评和鼓励，分享学习心得和备考技巧
	老师指导：老师根据截图给出建议，帮助社群成员更好地备考
活动奖励	为每天坚持打卡的社群成员提供积分奖励，积分可用于优惠购买雅思课程和其他相关资料

（2）撰写活动文案。活动文案应紧扣活动主题，清楚说明活动内容，并利用活动奖励吸引社群成员参加，示例如下。

雅思备考每日打卡挑战——成为备考小达人，开启自律模式！

亲爱的雅思课程会员们：

想要提升雅思成绩，成为备考小达人吗？现在，我们有一个全新的活动等着你，那就是"雅思备考每日打卡挑战"！这是一个社群打卡活动，每天只需花上一些时间，就能获得珍贵的备考经验，还能赢取积分奖励！

活动内容

1. 每日学习任务：每天活动时间内，只需发布当日学习计划相关的学习照片或截图，即可完成任务！

2. 互相点评：成员之间可以互相点评和鼓励，分享学习心得和备考技巧。这是一个展示自我、互相学习的好机会！

3. 老师指导：每天都会有老师提供学习指导和建议，帮助你更好地备考。这将是你备考路上的得力助手！

活动时间

每天 9:00—21:00，让我们成为你雅思备考路上的好伙伴！

快来加入"雅思备考每日打卡挑战"，开启自律模式，成为备考小达人吧！期待你的参与！

（3）发布活动文案。将活动文案分为两个部分发布，呼吁社群成员参与的内容以文字的形式发布，关于活动详情的内容以互动海报的形式发布，效果如图 7-10 所示。

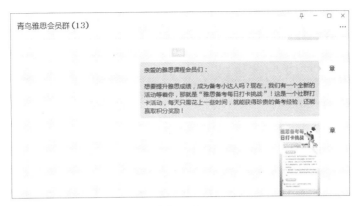

图 7-10

实践 2——开展红包活动

社群打卡活动圆满结束，几乎所有的社群成员都完成了打卡任务，为此，青鸟打算为完成打卡任务的社群成员发放红包，以资鼓励，同时激励社群成员积极参加社群活动。红包个数为 13 个，每个红包的金额均为 13 元。

1. 实践要求

（1）撰写红包活动文案，并在发放红包前发布。

（2）为完成打卡任务的社群成员发放普通红包。

2. 实践步骤

（1）撰写红包活动文案。红包是对完成打卡任务的社群成员的奖励，可以围绕这一方面撰写文案，如"'雅思备考每日打卡挑战'圆满结束，感谢大家的参与！本次打卡活动几乎所有社群成员都完成了任务，为此，我们决定给所有社群成员发红包，@所有人，快快领取你的奖励红包吧！"

（2）发放普通红包。在群聊页面点击⊕按钮，在打开的列表中点击"红包"选项，打开"发红包"页面，设置红包类型为"普通红包"、红包个数为"13 个"、单个金额为"13"、红包封面语为"奖励红包"，点击 塞钱进红包 按钮发放红包，如图 7-11 所示。

图 7-11

【综合实训】

（一）为酸奶饮品品牌创建社群

1. 实训背景

芥酸奶为一家新兴的酸奶饮品品牌，依托线下门店起家，自成立以来一直专注于为用户提供健康、新鲜的酸奶饮品，其目标用户为 30 岁以下的年轻人。为了扩大品牌影响力、增加用户黏性、提高产品销量，芥酸奶决定创建一个微信社群，在其中发布品牌和产品的优惠信息，吸引用户购买产品。

2. 实训要求

（1）确定社群的定位和引入规则。

（2）创建微信社群。

3. 实训思路

（1）明确社群营销方式。提示：从发布的信息入手。

（2）明确社群定位。使用 5W1H 法来确定社群定位。

（3）制定社群引入规则。该社群为初创社群，建议准入门槛不要太高。

（4）创建社群。根据品牌信息和社群发布内容确定社群名称，然后创建微信社群，并修改社群名称。

（二）在酸奶饮品品牌社群中开展线上营销活动

1. 实训背景

考虑到提升社群成员活跃度、提高产品销量的需要，芥酸奶准备从下个月月初开始，开展为期一个月的社群打卡＋福利发放活动。福利为实物奖品：酸奶饮品券、定制 T 恤等。

2. 实训要求

（1）策划简单的活动方案，方案中应包括活动主题、活动形式、活动时间、活动规则、活动奖品。

（2）撰写并发布活动文案。

3. 实训思路

（1）确定活动主题。根据活动类型来确定。

（2）确定活动规则。活动涉及打卡活动和福利发放活动，因此规则中应包含这两方面的规则，如"本次活动计划在接下来的一个月内开展。打卡要求：每天打卡一次，累计打卡天数达到 15 天。活动参与要求：关注品牌官方账号，并每天在社群内发布一条带有指定关键词的动态。奖品将在活动结束后的 7 日内发放。"

（3）生成活动策划。汇总活动相关信息，以表格的形式呈现活动策划。

（4）撰写活动文案。文案只需清楚描述活动主题、形式、时间、规则、奖品等。

（5）发布活动文案。将写好的活动文案发布到微信社群中。

【思考与练习】

一、填空题

1. 社群营销是个人或企业借助_____这一物质载体，面向_____开展的营销活动。

2. 在_____目的的驱动下，社群作为产品销售的窗口，所有的营销活动都围绕提高产品销量开展。

3. 社群营销常见的变现方式有两种，一种是_____，另一种是_____。

4. _____指通过群主或管理员邀请加入社群，社群不对外开放，适用于_____的社群。

5. _____是在新媒体平台的公共频道中发布拉新信息，吸引用户加入社群。

6. _____是指社群规定社群成员每天在固定时间需要完成特定任务的活动形式。

7. _____是设置邀请奖励，明确用户邀请新用户加入社群后可以获得奖励。

8. _____一般是为某产品或服务设置团购优惠价，让想要购买该产品或服务的用户邀请其他用户一起拼团购买。

二、选择题

1.【单选】某知识型达人通过直播向社群成员科普知识，该营销方法属于（　　）。
    A. 价值营销　　　　　　　　　　B. 灵魂人物营销
    C. 社群文化营销　　　　　　　　D. 知识营销

2.【单选】以下选项与社群定位无关的是（　　）。
    A. 建群目的　　　　　　　　　　B. 社群成员构成
    C. 社群价值　　　　　　　　　　D. 变现方式

3.【单选】某品牌营销人员想通过一些方法增进社群成员之间的联系，他可以（　　）。
    A. 主动邀请别人入群　　　　　　B. 主动让别人分享想法
    C. 主动为他人答疑解惑　　　　　D. 主动制止社群成员交流

4.【多选】某短视频达人准备创建一个社群，开展社群营销，该社群需要具备的要素有（　　）。
    A. 同好　　　　　B. 结构　　　　　C. 价值　　　　　D. 运营

5.【多选】常见的线上社群营销活动有（　　）。
    A. 核心成员聚会　　　　　　　　B. 发放社群红包
    C. 发放社群福利　　　　　　　　D. 社群打卡

三、简答题

1. 简述常见的社群营销方式。
2. 简述社群定位的方法。
3. 简述常见的社群规则。
4. 简述社群拉新的方法。
5. 简述开展社群线下活动的流程。

四、操作题

1. 清越湾是一家知名传统糕点品牌，在全国各省主要城市均开设了线下门店，因味美质优受到广大用户的喜爱。出于客户关系管理的需要，清越湾拟根据门店地址建立微信社群，通过社群销售产品、传递品牌信息和活动信息。请完成以下操作。

（1）使用5W1H法为清越湾做好社群定位。

（2）明确社群名称、口号、引入规则并创建社群。

2. 小刘是一名漫画家，加入了漫画分享群。当前，小刘的新作《快乐羊崽》即将出版，他想在社群中营销此书，请为其选择合适的营销方法，并通过策划线上营销活动，引导社群成员购买此书。

项目八
其他新媒体营销形式

【学习目标】

➤ 熟悉 App 营销的特点、模式和推广方法。
➤ 掌握二维码制作和营销推广的方法。
➤ 掌握 H5 营销的策略和推广方法。

【素养目标】

➤ 树立资源整合意识，合理利用可用的媒介资源。
➤ 不断提高学习能力和创新能力，积极探索新的营销方式。

【情景导入】

　　放心厨房是一家快餐连锁品牌，一直以来都致力于为用户提供高品质的食品和优质的服务。随着业务的扩张、用户需求的变化，放心厨房的发展也遇到了瓶颈。在经过市场调查后，放心厨房重新规划了营销路线，将重点放在移动营销上，如 App 营销、二维码营销和 H5 营销等，以进一步扩大品牌影响力、优化用户体验。

任务一　App 营销

　　放心厨房一直采用线下点单模式，虽然保证了菜品的品质，但也给用户造成了不便，错失了很多潜在用户。为此，放心厨房打算制作一个 App，通过该 App 连接用户，营销品牌。

【相关知识】

（一）App 营销的特点和模式

　　App（Application，应用程序）营销是基于智能手机、平板电脑等移动端设备中的应用程序开展的营销活动。当前，App 营销以 App 为信息载体，其核心用户主要是手机用户，在推广品牌、挖掘新用户、开展营销等方面有重要作用，是一种较为常用的营销手段。

1．App 营销的特点

随着我国通信技术的飞速发展，智能手机功能越发丰富，智能手机也逐渐成为人们生活工作中的重要工具，为 App 营销的发展提供了条件。在发展过程中，App 营销形成了以下特点。

- **流量丰富**：App 的种类十分丰富，涉及购物、社交、拍照、学习、游戏、教育等不同领域，能够带来不同类型的用户和大量的平台流量。有效挖掘这些流量和用户，可以为品牌带来更多的忠实用户，实现品牌的传播。
- **信息展示全面**：App 中展示的信息非常全面，包含图片和视频等。用户可以通过 App 快速、全面地了解产品或企业信息，打消对产品的顾虑，增强对企业的信心，进而促进企业转化率的提高。
- **方式灵活**：App 的营销方式较为灵活。对于用户来说，可通过多种方式搜索、选择 App。对于品牌来说，可以通过手机或计算机后台发布、管理 App 中展示的内容。同时，品牌可以统计分析用户在 App 中进行的活动数据，以更好地了解用户行为，帮助品牌改善营销策略。
- **用户体验良好**：在用户体验方面，App 的设计注重符合用户的视觉习惯，页面简洁清晰，其功能也能更好地满足用户的需求；同时，除了可以满足用户的各种生活娱乐需求外，用户还能通过评论、分享等方式进行互动，提升了用户的使用体验。
- **精准度高**：App 一般是用户根据自身需求搜索并下载的，这意味着，用户在下载 App 时可能已经对 App 或 App 代表的品牌有一定的了解或需求，而且用户对 App 的使用往往也与即时的需求和消费直接相关，只有当他们准备消费或有所行动时，才会点开相应的 App，如订餐、打车等。因此，App 营销是种双向选择的营销。

2．App 营销的模式

随着越来越多的品牌、平台开始开发属于自己的 App，将 App 作为营销的主战场之一，App 成为连接品牌和用户、线上和线下的重要枢纽，促使 App 营销的应用越来越广泛，并延伸出了不同的营销模式。

（1）定制模式

目前，大部分品牌都拥有自己的 App，量身定做的 App 更容易体现产品和品牌的特点，有利于增强宣传效果，深化品牌形象。图 8-1 所示为不同品牌分别针对主营业务（如交通出行、移动通信、工作等）推出的定制化 App。

（2）广告植入模式

广告植入模式是功能性 App 和游戏 App 的一种基础营销模式。该模式下，广告主通过动态广告栏链接植入广告，当用户点击广告中的图标或者执行广告中指定的动作时，就会进入指定的页面，查看广告详情或参与活动。

- **植入位置**：广告植入模式下，广告通常被投放在用户点击进入 App 的开屏页面，该页面中会明确显示"广告"字样，并标明广告展现的时间，如图 8-2 所示。此外，App 中的内容页也是广告植入的常见位置，广告通常成为内容的一部分，如图 8-3 所示。

图 8-1

图 8-2   图 8-3

- **植入技巧**：广告植入模式的操作十分简单，广告主只要将广告投放到与自身产品相匹配的热门 App 上就能获得良好的传播效果。植入时，为了确保广告的效果，需要对内容进行规划，使广告植入更自然，如在拼图游戏中植入品牌图片，让用户组合碎片，最终拼成一张完整的品牌或产品图片，或在餐厅游戏中将某食品品牌或餐具品牌的产品作为道具等。

（3）购物网站模式

购物网站模式的 App 多为购物网站开发。该模式下，购物网站通过开发与网站相关的 App，并投放到各大应用商店供用户免费下载使用，让用户可以通过 App 随时随地浏览产品或促销信息等，并促使用户下单和交易，如图8-4所示。

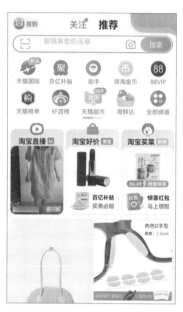

图8-4

App 的购物网站模式是当前 App 营销的主要模式之一，特别是在直播电商的迅猛发展下，越来越多的非购物网站 App 上线购物功能，开始采用购物网站模式。

（二）App 营销推广

App 营销的效果受 App 本身的搜索排名和推广方式的影响，要想保证 App 营销的效果，一方面需要保证 App 在应用商店的排名靠前，确保能够被更多的用户看到，另一方面需要使用多种方式推广 App，提高其曝光度。

1. App 排名优化

App 在应用商店的排名越靠前，曝光机会就越多。为了获得较好的排名，需要对影响 App 排名的因素进行优化。

（1）App 的主标题

App 的主标题即 App 的名称，是影响排名的核心因素，应简洁明了、简单易记。

- **新上线 App 主标题设置方法**：App 新上线时，若主标题不足以表达完整的核心信息，可以在主标题后面添加后缀。例如，图8-5所示的两个 App 就在名称后面以括注的形式补充说明重要信息。

- **早期或成长期 App 主标题设置方法**：如果 App 尚未被用户熟知，主标题可以突出 App 的功能或亮点。例如，淘宝推出的淘特 App，该 App 的亮点是为用户提供低价优质的源头好货，其名称"淘特"中的"特"就体现了 App 的这一亮点。
- **成熟 App 主标题设置方法**：发展成熟或拥有一定知名度的 App，其 App 主标题可以使用品牌词，既能深化用户印象，又能节省推广成本，如闲鱼、拼多多等。如果 App 衍生出了新的版本，则可以采用原品牌词 + 新版本特色的方式来设置主标题，如图 8-6 所示。

图 8-5

图 8-6

（2）App 的副标题

副标题是主标题下方的描述性文字，主要用于补充说明 App 的功能和亮点，也是影响 App 搜索排名的重要因素。

- **强化品牌**：在副标题中添加与品牌关联性强的词语，加深用户对 App 的印象。例如，京东 App 直接使用品牌标语中的"多·快·好·省"（完整标语为"多快好省 只为品质生活"）作为副标题。
- **突出亮点**：在副标题中补充说明 App 的功能或亮点，如朴朴超市 App 对速度的强调、叮当快药 App 对 App 用途的强调，如图 8-7 所示。
- **强调优惠活动**：在副标题中说明 App 中近期开展的优惠活动，以此吸引用户点击下载 App。例如，图 8-8 中 App 的副标题就简单说明了 App 的优惠活动信息。

图 8-7

图 8-8

高手秘技

需注意，主标题或副标题不宜过长，否则不易通过审核，甚至可能导致 App 直接下架。同时，主标题不宜频繁更换，特别是建立用户认知后；但主标题的后缀与副标题可以随着 App 的新功能或新活动的推出实时更换，以便能够覆盖相关的关键词，提升 App 被搜索到的可能性。

（3）App 的关键词

App 的关键词主要体现在 App 的主标题和副标题中，据统计，60% 以上的用户通过输入关键词搜索 App。因此，关键词的设置非常重要。

- **"蹭"热度**："蹭"知名品牌的热度，将与知名品牌相关的词语作为主标题和副标题的关键词。例如，微信读书 App 的主标题就"蹭"了微信的热度、点淘 App 的副标题"淘宝直播官方 App"就"蹭"了淘宝的热度。这种方法一般适用于与知名品牌相关的 App，如品牌旗下的 App。

- **以搜索词为关键词**：搜索同类 App 使用的关键词和用户关注的关键词，并将搜索到的关键词作为构成主标题或副标题的备选关键词，在与自身 App 的功能、特点合理结合后使用。

（4）App 的描述

App 的描述对应应用商店中 App 的"应用介绍"部分，细致贴切的 App 描述可以在一定程度上提高 App 的下载量，进而提升 App 的热度。

- **字数限制**：App 的描述内容一般控制在 300 ～ 500 个字符，对 App 功能的描述应简明扼要，便于理解和阅读。

- **突出利益点**：App 的描述应当突出 App 可以给用户带来的价值，如省钱、在线下单、寄件速度快等，以吸引用户下载 App。

- **其他**：在 App 描述的末尾，可以添加品牌的联系方式，如微信公众号、微博账号等，提高用户对 App 的关注度。

（5）App 截图

App 截图可以展示 App 的功能和页面，是对 App 的进一步描述。精心设计的预览页面，能够展现 App 的主要功能，影响用户的下载选择。因此，前两张截图应该突出 App 最重要的功能或特点。例如，图 8-9 所示的得物 App 就提供了 5 张截图，第一张截图就重点突出了 App 的核心功能——鉴定，第二张截图就着重强调了 App 的最大利益点——包邮。

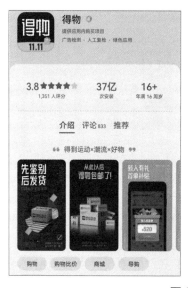

图 8-9

（6）用户评分和评论

App 的用户评分和评论不仅会左右用户的下载决策，还会影响 App 的搜索排名。在很多应用商店中，用户评分和评论是排名算法中的重要因素，用户评分越高、评论越多且越正面，就越有助于 App 搜索排名的提升。为此，应想办法获取更高、更多的用户评分、评论，如适时提问、利用奖励、利用论坛等，进而促进 App 的排名提高。

（7）App 下载量

App 的下载量在一定程度上体现了 App 在市场上被认可、受欢迎的程度，是影响 App 排名的一个重要因素。要提高 App 的下载量，品牌需要潜心打磨 App，完善 App 的功能，提升用户体验。

2. App 的推广方式

App 推广是营销中的一部分，有效的推广可以吸引更多的潜在用户，提高 App 的知名度和用户黏性，从而促进 App 的发展。

- **首发申请**：App 首发是指 App 新品或最新版本在一段时间内仅在首发市场出现，其他应用市场不支持下载。首发应用市场会给首发 App 免费的展位，因此，首发是性价比较高的推广手段，目前多数应用商店都支持免费首发申请，如应用宝、小米应用商店、华为应用市场等。
- **新品自荐**：新品自荐是应用商店鼓励 App 开发者的创新精神，为一些优质新品 App 提供崭露头角的机会而设立的一个绿色通道。该推广方式下，品牌需要按照自荐要求推荐自身开发的新品 App，经过评估后，如果质量优异，即可获得一定推荐位。
- **线下预装**：一些有实力的品牌还会和手机厂商合作，在手机出厂前将 App 直接预装到手机里，这样购买了手机的用户就直接成为该 App 的用户。
- **免费体验**：对部分收费的 App 来说，可通过前期的免费体验等活动来吸引用户下载和使用 App，通过功能、页面、服务等方面的优势留存用户，为后续收取费用做准备。
- **内容推广**：内容推广指通过在新媒体平台发布推广 App 的短视频、文案等，扩大 App 的宣传范围。线上推广文案常用的角度有 3 种：一是通过故事情节的描述引出 App，说明 App 的功能、亮点、使用场景等；二是直接讲述 App 的功能等；三是从测评的角度去分析 App，结合 App 功能，突出 App 的差异性和特色。
- **开展线下活动**：开展线下活动也是一种常用的推广方式，如引导用户扫描二维码、下载 App 领取新用户福利等。

【任务实践】营销推广放心厨房 App

放心厨房在调查中发现，基于便捷性生活等需求，用户对放心厨房 App 的呼声很高，并希望 App 可以提供在线订餐服务。基于此，放心厨房推出了一款 App，该 App 的功能设置如下。

- **发现优惠**：提供品牌最新的优惠活动信息，包括特价套餐、超级星期五（每周折扣日）、新人优惠专享、新品优惠。
- **在线订餐**：提供手机自助点餐、外卖订餐、签到有礼服务。

- **我的福利**：积分兑好礼、线上商城（可在线购买品牌周边等）。
- **主题活动**：亲子乐园（放心厨房生日主题活动，3 种主题可选）、音乐点播间（点击喜欢的菜品，倾听菜品专属音乐，也可以自行为菜品制作音乐）。
- **我有异议**：用户的反馈渠道。

为达到良好的效果，在 App 正式上线各个应用商店前，需要优化 App，并为 App 撰写线上推广文案，用于 App 上线后进行推广，以增加 App 的用户量，提高品牌的知名度。

1. 实践要求

（1）设计 App 的主标题、副标题和描述。

（2）撰写 App 的线上推广文案。

2. 实践步骤

（1）设计 App 主标题。该 App 是放心厨房新推出的 App，而放心厨房是一个拥有较高知名度的成熟品牌，所以即使该 App 是新上线的 App，仍然可以采用成熟 App 主标题的设置方法，以品牌词"放心厨房"为该 App 命名。

（2）设计 App 副标题。该 App 作为放心厨房的 App，从强化品牌的角度来看，可以结合主标题，将副标题设置为"想吃放心厨房，就上放心厨房 App"；同时，该 App 有众多功能，其中突出的功能和亮点有优惠活动、在线订餐（原来只能线下订餐），结合二者可将副标题设置为"订放心餐，尽享优惠"，或"订餐享优""店铺直送到家、新人优惠享不停"等。

（3）设计 App 描述。就利益点而言，该 App 可以给用户带来的价值主要有省时、可在线下单、免排队、各种优惠和福利，在描述时可以以关键词的形式突出这些利益点。示例如图 8-10 所示。

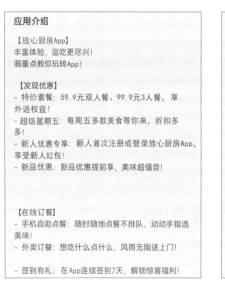

图 8-10

（4）撰写 App 线上推广文案。放心厨房 App 解决了用户的就餐问题，可以采用故事切入的方式，围绕可线上订餐设计小故事，通过用户之间的对话引出放心厨房 App。撰写完毕后发布，效果如图 8-11 所示。

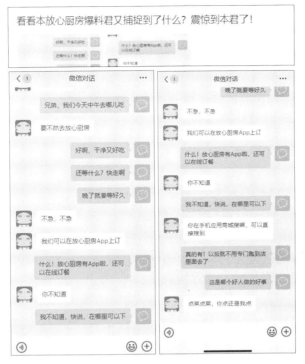

图 8-11

任务二 二维码营销

App 营销使得放心厨房的知名度又上了一层台阶，然而这还不够，放心厨房还需要改进服务，补齐服务短板，巩固知名度。这时候，二维码营销就派上了用场。

【相关知识】

（一）二维码制作

二维码营销是将营销信息植入二维码中，通过各种方式传播二维码，从而达成营销目的的重要方式。

1. 二维码的视觉设计

二维码的视觉设计会影响二维码的美观度，进而影响用户的视觉体验。一般情况下，二维码是黑白相间的图形，但其外形可以自行设计，包括尺寸、颜色、类型，以及中心的图片等。在设计时，可以结合产品特色、品牌理念等，在二维码中添加一些能够展示产品或品牌特色的元素。

2. 二维码的制作方法

可以用二维码制作工具辅助制作二维码。二维码的制作工具很多，如草料二维码、联图网、第九工场等。下面以在草料二维码中制作二维码为例，介绍二维码的制作方法，具体操作如下。

（1）登录草料二维码官方网站，在导航栏中选择需要植入的内容，这里选择"网址"选项。在"网址"页面选择二维码的类型，这里选择"网址跳转活码"选项。在下方的文本框中输入网址，单击 生成跳转活码 按钮，如图8-12所示。

（2）右侧窗格将生成一个默认样式的二维码，单击 二维码美化 按钮，如图8-13所示。

图 8-12

图 8-13（仅作示意）

（3）打开"二维码样式编辑器"对话框，上传Logo图片，将其形状设置为"圆形"，尺寸调整为最大，将码颜色设置为红色的渐变色，将码点形状设置为小圆点，完成美化设置后在右侧单击"下载打印"超链接，如图8-14所示。

（4）打开"下载打印"对话框，设置图片格式和图片大小后，单击 下载 按钮，如图8-15所示，下载制作好的二维码。

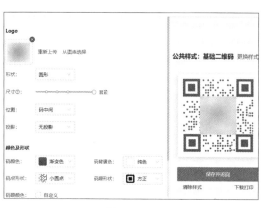

图 8-14

图 8-15

（二）二维码营销推广

二维码营销是一种便捷且高效的营销方式，要确保二维码营销的效果，需要选择合适的渠道并且掌握一些营销技巧。

1. 二维码营销渠道

二维码营销的渠道分为线上渠道和线下渠道。在实际营销过程中，结合线上渠道和线下渠道共同达成营销目标的情况比较普遍。

（1）线上渠道

二维码营销的线上渠道比较多，主要是指社交媒体平台及其相关功能，如微信公众号、小程序、社群等。将二维码植入社交媒体平台，利用平台的强社交关系和分享功能，可以实现二维码的快速、广泛传播。

在选择植入平台时，选择用户定位比较精准或用户基数比较大的平台更容易获得成功，如微博、微信等。除此之外，还可以在一些新闻客户端的文章中植入二维码，但要确保文章内容与二维码内容有关。

（2）线下渠道

与其他营销方式相比，二维码的线下传播具有非常强的适应性，特别是随着二维码在人们生活中渗透程度的加深，二维码营销的线下渠道也变得越来越多。

- **虚拟商店**：虚拟商店是二维码营销的重要渠道之一，如1号店的地铁虚拟商店、京东的楼宇框架广告牌等都曾采用批量展示产品的方式，并在每个产品下面设置相应的二维码，用户可直接选择产品并扫码购买。这类二维码营销通常具有阶段性，如一些中小型超市，在店庆日或其他活动期间，会对某些产品进行特惠销售，这些产品常常附有二维码，用户扫码即可查看产品详情。

- **实体包装**：在产品的实体包装、购物袋上印上二维码图案也比较常见，这种方式可以促使用户进行再次购物。例如，一些网店会在快递包裹或产品包装上贴上店铺地址的二维码，并承诺扫描二维码再次购物可享优惠，以鼓励用户再次在线上购物。

- **传统媒介**：在新型网络营销模式的冲击下，传统营销模式虽然经历了一定的变化，但仍然具有非常强大的营销效果。现在很多的企业和品牌开始将平面广告、户外广告以及印刷品等传统媒体与二维码结合，策划整合式的线上线下营销方案。二维码与传统媒体的结合，可以将传统媒体的传播价值延伸至互联网，积累更多不同渠道的新用户。

- **企业服务引导**：企业服务引导依托企业服务，在向用户提供服务时，可引导用户扫描二维码，或下载相关应用。例如，在电影院使用二维码取票时，引导用户下载相应的App，或查看相关营销信息等。

2. 二维码营销技巧

要想取得良好的二维码营销效果，需要掌握二维码营销的技巧。

（1）吸引用户

要想利用二维码开展营销，首先要能吸引用户扫描二维码。吸引用户扫描二维码可以采用以下3种方法。

- **使用创意二维码**：使用创意二维码就是要优化二维码的视觉设计。例如，在二维码中添加能够展示品牌特点的元素，或与图形、图案结合，生成个性化、场景化的二维码，以吸引用户的眼球。

- **有奖扫描**：有奖扫描是二维码营销常用的一种方法，如邀请用户扫描二维码参与抽奖，或者直接通过二维码给用户发红包等。
- **清楚介绍二维码的内容**：在开展二维码营销时，可以在二维码的旁边用文字说明二维码提供的内容，方便用户根据自身的需求扫描二维码。

（2）提高用户黏性

吸引更多的用户扫描二维码是二维码营销的第一步。为了让用户长期关注企业动态并持续地产生消费行为，就需要提高用户的黏性。

首先，不仅要给用户提供企业的信息，而且要为用户提供其需要的信息，吸引用户持续关注。其次，可以利用二维码的网站链接功能，引导用户进入网页，使其能更加详细地了解企业的相关信息。最后，采取一些积极的措施调动用户消费的积极性，如吸引用户参与抽奖，增加与用户互动的次数，强化用户的消费欲望。

【任务实践】

实践 1——使用草料二维码制作二维码

放心厨房为给用户提供更加贴心的服务，计划将各门店的地址等信息制作成二维码，张贴在收银台，并印在外卖包装袋和品牌宣传册上，方便用户了解。在制作工具的选择上，放心厨房选择了简单易用的草料二维码，并使用餐厅内部图片制作二维码。各门店地址如下。

微课：使用
草料二维码
制作二维码

- **放心厨房 1 店**：成都市武侯区 ×× 路 ×× 号，门店负责人老李，门店联系电话为 028-66×××01。
- **放心厨房 2 店**：成都市金牛区一环路 ×× 段 ×× 号 ×× 大厦，门店负责人老张，门店联系电话为 028-66×××02。
- **放心厨房 3 店**：成都市锦江区 ×× 街 ×× 号附 ×× 号，门店负责人老夏，门店联系电话为 028-66×××03。
- **放心厨房 4 店**：成都市锦江区总府路 ×× 号 ×× 栋 ×× 层，门店负责人老谢，门店联系电话为 028-66×××04。
- **放心厨房 5 店**：成都市成华区二环路 ×× 段 ×× 号附 ×× 号，门店负责人老秦，门店联系电话为 028-66×××05。

1. 实践要求

（1）使用草料二维码制作门店详情二维码。

（2）使用二维码模板，在二维码中明确各门店的地址。

2. 实践步骤

（1）新建二维码。登录草料二维码官方网站，在首页选择"从模板库新建"选项，如图 8-16 所示。

（2）选择模板。打开模板库，在左侧导航栏中选择"贸易零售"选项，在打开的页面中选择"商户门牌信息"选项，如图 8-17 所示。

图 8-16

图 8-17

（3）使用模板。打开模板预览页面，查看模板预览效果，单击 单个生码 按钮，如图 8-18 所示。打开模板编辑页面，将品牌名称更改为"放心厨房"，单击名称下方的图片，选择"替换"选项，将图片替换为准备好的餐厅内部图片（配套资源：\素材\项目八\餐厅内部.jpg），效果如图 8-19 所示。

图 8-18

图 8-19

（4）修改门店信息。将"门店信息"栏下方表格中的信息修改为放心厨房 1 店的信息，如门店名称改为"放心厨房 1 店"、门店类型改为"餐饮"、门店地址改为"成都市武侯区 ×× 路 ×× 号"、门店负责人改为"老李"、门店联系电话改为"028-66××××01"，删除门店编码，效果如图 8-20 所示。

图 8-20

（5）设置其他门店信息。选择"门店信息"栏，按【Ctrl+C】组合键复制，在表格下方按【Ctrl+V】组合键粘贴，使用同样的方法复制粘贴表格，将表格中的信息修改为放心厨房 2 店的信息。使用同样的方法新增"门店信息"栏和表格，将其中的文字修改为其他门店的信息。

（6）删除多余项目。将鼠标指针移动至要删除的项目上，单击浮现出的 删除 按钮，删除不需要的项目。

（7）预览二维码。单击 生成二维码 按钮；生成二维码后单击 预览 按钮，打开预览对话框预览二维码，如图 8-21 所示。关闭预览对话框，返回模板编辑页面。

图 8-21

（8）美化二维码。单击二维码右上角的"更换"超链接，打开"选择标签样式"对话框，选择左侧菜单栏中的"简单美化"选项，在其中选择"B240 蓝绿三拼"选项，如图 8-22 所示。

图 8-22

（9）编辑二维码样式。在打开的页面中单击 使用此样式 按钮。打开"二维码样式编辑器"对话框，单击 上传Logo 按钮，打开"打开"对话框，选择"品牌 Logo.png"选项（配套资源：\素材\项目八\品牌 Logo.png），单击 打开(O) 按钮，如图 8-23 所示，上传 Logo。打开"裁剪图片"页面，单击 确认 按钮。

（10）下载二维码。单击 下载打印 按钮，打开"下载打印"对话框，保持默认设置，单击 下载 按钮，如图 8-24 所示。

图 8-23

图 8-24

实践 2——使用微信营销推广二维码

放心厨房依托微信生态建立了完善的微信营销矩阵，特别是微信朋友圈，为放心厨房的营销带来了极大的便利。接下来，放心厨房会在微信朋友圈推广二维码，通过二维码引导用户到店用餐。

1. 实践要求

（1）撰写营销推广二维码的文案。

（2）将文案发布到微信朋友圈。

2. 实践步骤

（1）撰写营销推广文案。该二维码包含门店信息，为用户选择就近用餐地址提供了便利。因此，文案可以为"享品质美食，到放心厨房。扫描下方二维码，查看放心厨房门店信息，享受就近用餐便利。"

（2）发布营销推广文案。复制粘贴文案到朋友圈发布页面，并上传二维码图片，发布效果如图 8-25 所示。

图 8-25

任务三　H5 营销

App 和二维码营销的成功，给放心厨房带来了非常大的惊喜，也让放心厨房有了足够多的勇气和底气开展 H5 营销，助力品牌发展。

【相关知识】

（一）H5 营销页面制作

H5 营销是指通过 HTML5（Hyper Text Markup Language 5，第 5 代超文本标记语言）技术，将文字、图片、音乐、视频和链接等多种元素在营销页面融为一体，并借助该页面开展营销，具有灵活性高、开发成本低、制作周期短等特点，在产品推广、品牌传播、促销活动推广等方面应用广泛。由此可看出，H5 营销页面是 H5 营销的重要组成部分，制作精良的 H5 营销页面，有助于吸引用户的注意并促进营销活动的成功。

1. H5 营销页面设计要点

H5 营销页面是营销信息的重要载体，其美观度、创意性等也影响着用户对 H5 营销的看法，在设计时需要把握一定的设计要点。

（1）创意

创意是 H5 营销页面设计必不可少的要点。一个好的创意，可以引起用户的好奇心，吸引用户查看 H5 营销页面，并参与互动，甚至做出分享 H5 营销页面、邀请朋友参与等行为，提高 H5 营销成功的概率。

创意的挖掘可以从多个方面入手，如页面风格、人物形象设计、互动方式、文字描述等，只要带有一定的新意，就可以视为创意的体现。例如，"致敬·橙衣侠"的 H5 营销页面设计就颇具特色，其采用人物剪影＋旋转翻页的方式，既表达了对城市清洁工辛勤付出的赞美，又具有一定的趣味性，如图 8-26 所示。

图 8-26

（2）价值

H5 营销页面通过内容传递营销信息，从内容的角度来说，对用户有价值的信息更容易引发用户的自主分享行为。一般来说，该价值可以是满足心理需求、获得相关知识、得到实际奖励等。例如，中国农业银行联合中国银联推出的"未来身份刮刮乐"H5 营销页面，其采用刮刮乐的方式引起用户的参与兴趣，然后根据不同的选择生成不同的身份卡，进一步引起用户对其他人的身份卡的好奇，促使用户在好奇心的驱动下产生分享行为，如图 8-27 所示。

（3）视觉

视觉是指 H5 营销页面的视觉设计，即通过对图片、文字、动画及视频等的组合运用，或借助 AR、VR 等新兴技术丰富页面的表达，在传递更多信息的同时，带来视觉上的美感或震撼等。具体设计时，可以结合营销主题，综合使用不同的表现形式，增加 H5 营销页面的趣味性和丰富性等。例如，"地球盒伙人"就利用新兴技术在 H5 营销页面中搭建了一个元宇宙，给人强烈的震撼感，如图 8-28 所示。

图 8-27   图 8-28

2. H5营销页面制作工具

H5营销页面的制作工具很多，如iH5、人人秀、易企秀等，这些工具都提供了丰富的H5模板，有助于用户快速完成H5营销页面的制作。

- iH5：iH5定位为专业的H5在线制作工具，其优势在于强大的编辑功能，能用HTML5编程实现的效果基本都能用iH5制作出来。iH5支持上传图片、音频、视频和网页等，能够制作多种动画，支持多种方式的人机互动，而且其免费版也完全开放了编辑功能。其缺点在于上手难度较大，学习成本较高，主要面对企业级用户和专业设计师。图8-29所示为iH5的模板页面。

图8-29

- **木疙瘩**：木疙瘩是一个专业级的H5交互动画制作网站，具备强大的动画功能，如遮罩动画、变形动画等。木疙瘩还提供了H5专业版编辑器、H5简约版编辑器、H5模板编辑器3种不同的编辑器。其中，H5专业版编辑器的操作和功能类似于Flash，适合专业人士使用；H5简约版编辑器的操作类似于PPT，支持导入PPT文件进行二次编辑，适合有一定PPT基础的用户；H5模板编辑器支持在模板内改素材、文案等，适合新手使用。图8-30所示为木疙瘩的模板中心。

图8-30

- **人人秀**：人人秀定位为初学者都可顺畅使用的 H5 制作工具，其特点是操作简单，互动功能强大，有抽奖、答题、红包、投票等自主推广功能，支持将 H5 发布到微信、小程序、抖音等多个渠道；其缺点在于价格较高，免费版功能严重缺失，不支持嵌入视频和添加特效。
- **易企秀**：易企秀是较早发展起来的 H5 制作工具，有多种动态模板，且用户可以自行上传模板，模板分类标签详细，用户可以简单、轻松地制作出精美的 H5 营销页面。其缺点是功能相对单一，稍微复杂一点的模式都需要自己制作。
- **MAKA**：MAKA 是一款在线创作的 H5 工具，能够提供企业形象宣传、活动邀请、产品展示、数据可视化展示、活动报名等不同场景需求的服务，操作简单，模板覆盖多个行业、多个场景。

3. H5 营销页面制作方法

在制作工具的辅助下，H5 营销页面的制作变得简单，大多数时候用户只需选择模板，然后更改模板中的图片或文字等元素便可完成制作。这里以 MAKA 为例介绍主要的操作步骤。

（1）选择模板。在浏览器中搜索并登录 MAKA，在首页选择"H5 网页"选项，设置模板类型或风格等，在 MAKA 提供的模板中选择符合要求的模板，如图 8-31 所示。

（2）替换元素。进入模板编辑页面后，更换其中的文字、图片或音乐等元素，效果如图 8-32 所示。

图 8-31

图 8-32

（二）H5 营销策略

H5 营销不是简单地将 H5 营销页面发送出去就行，为保证 H5 营销的效果，需要讲究一定的策略。

- **游戏策略**：游戏策略是借助用户的兴趣点，通过游戏互动的方式吸引用户注意，提高 H5 营销页面的浏览量和产品、品牌的知名度。运用游戏策略时，应设置简单、具有趣味性的游戏，并在游戏开始前，以通俗易懂的文字介绍游戏规则。例如，网易新闻的"非遗守护人云游市集"H5 营销页面就运用了游戏策略，其布置了集市地图，还设置了答题小游戏，既具趣味性，又提升了用户的互动体验，如图 8-33 所示。

图 8-33

- **借势策略**：借势策略即采用借势营销的方法，提高 H5 营销页面的点击率。使用借势策略营销时，需选择与产品或品牌契合度高的节日、热点、社会事件等，然后在 H5 营销页面中以文字或图片等形式，或打造虚拟场景体现借势对象。
- **奖励策略**：奖励策略是指在 H5 营销页面中设置丰厚的奖励，以吸引用户点击、参与、分享，扩大 H5 营销页面的传播范围。例如，招商银行的"逐光·印象"H5 营销页面就设置了瓜分现金的奖励，吸引了众多用户的参与。
- **生活策略**：简单来说，生活策略就是根据日常生活场景制作 H5 营销页面，并在页面嵌入营销信息，以引发用户共鸣。运用该策略时，需要对用户的日常生活有所了解，找到用户关注的、有实用价值的、能够与产品或品牌相结合的信息，将该信息与营销信息合理结合，并通过 H5 营销页面展现出来。

（三）H5 营销推广

为了扩大 H5 营销的传播范围和提高 H5 营销的影响力，必要时需要采取有效的推广措施，以吸引更多用户的关注和参与。

- **利用软文推广**：软文是相对于硬性广告而言的，具有润物细无声的作用。利用软文推广 H5 营销页面时，可以将历史、故事、数据等作为软文的要点进行写作，让推广显得更加专业。
- **利用 IP 推广**：将 H5 营销页面与 IP 结合，利用 IP 的影响力扩大 H5 营销页面的传播范围，从而获得更好的传播效果。可利用的 IP 种类很多，如网络达人、专家学者、历史文化（历史人物、古建筑等）等。在选择 IP 时，需要注意评估 IP 吸引力的大小，如果一个 IP 与 H5 营销页面的内容可以建立联系，且能够在多个平台上获得流量，那么就可以与该 IP 进行合作。
- **利用专业的推广机构**：寻求专业推广机构的帮助也可以有效推广 H5 营销页面，通过委托、购买服务 / 广告位等方式让推广机构将 H5 营销页面推广出去。
- **互相推荐**：在微信、微博或其他新媒体平台中与他人建立合作关系，互相推荐各自的 H5 营销页面。互相推荐需要谨慎选择互推对象，一般来说，同行业的微信公众号、微博账号等更适合作为互推对象，账号的目标用户相近，更有利于流量的精准转化。
- **利用微信公众号自定义菜单**：微信公众号的自定义菜单也可以充当推广渠道，一些长期性的 H5 营销页面，如公司介绍、产品展示、活动页面等都可以放置在微信自定义菜单中。

- **线下推广**：线下推广也是比较有效的推广方式，如将 H5 营销页面的二维码印刷在线下海报、广告牌、产品包装上。

【任务实践】使用 H5 营销新店

应广大用户的要求，放心厨房将在重庆开设分店，开业时间为 2024 年 3 月 3 日。为庆祝新店开业，放心厨房特地制作 H5 营销页面，用于介绍新店的情况，包括品牌理念、本店特色菜品等。为优化用户的订餐体验，放心厨房重庆分店将采用预订制，用户在 H5 营销页面中提交预订信息即可到店用餐。重庆新店的相关信息如表 8-1 所示。

表 8-1

项目		详细说明
品牌理念		用心做好菜、用诚信打动用户
特色菜品	青豆肥肠	以新鲜的青豆和优质猪大肠为主要食材，采用独特的烹饪工艺，实现肥肠软滑香糯、豌豆细软入味的口感
	蒜蓉虾仁	虾仁鲜嫩爽滑、蒜末独特的香味为这道菜增添了层次感，使得这道菜的口感更加丰富和独特
	香辣烤鱼	以新鲜的鱼肉为主料，配以各种香辣调料和蔬菜烤制而成，以其独特的香辣味道和嫩滑的口感而广受欢迎
地址		重庆市九龙坡区黄桷坪正街 ×× 号附 ×× 号
联系电话		023-12××××12

1. 实践要求

（1）使用 MAKA 制作 H5 营销页面。

（2）在页面中添加品牌理念、本店特色菜品等信息。

2. 实践步骤

（1）选择模板。登录 MAKA，在首页选择"H5 网页"选项，在打开的选项卡中单击 开业 按钮，选择第一行最右侧的模板，如图 8-34 所示。

微课：使用
H5 营销新店

图 8-34

（2）预览模板。打开模板预览页面，预览完毕后单击 免费制作 按钮，如图 8-35 所示。

图 8-35

（3）删除多余文本框。选择"MAKA"所在的文本框，按【Delete】键删除。

（4）替换图片。选择首页餐厅图，单击右上角的　替换图片　按钮，打开"替换图片"对话框，单击"上传素材"按钮，上传餐厅内部图片和本店特色菜品图片（配套资源：\素材\项目八\餐厅内部.jpg、\素材\项目八\青豆肥肠.jpg、\素材\项目八\蒜蓉虾仁.jpg、\素材\项目八\香辣烤鱼.jpg），如图 8-36 所示，单击餐厅内部图片，替换模板中的图片。

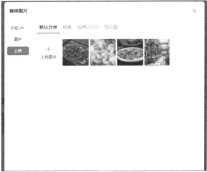

图 8-36

（5）删除多余文本框。单击"码卡餐厅盛大开业"文本框，按【Delete】键删除，前后对比效果如图 8-37 所示。

图 8-37

（6）翻页。将鼠标指针移动至页面右上角∨按钮上，单击该按钮翻页。

（7）编辑第2页内容。双击第2个文本框，选择"码卡餐饮"，将其修改为"放心厨房"，使用同样的方法将"2023年2月1日将举办新店开业典礼"修改为"2024年3月3日将在重庆举办重庆首家分店开业典礼"，将"码卡餐饮有限公司"修改为"放心厨房"，并稍微调整"放心厨房"文本框的位置。前后对比效果如图8-38所示。

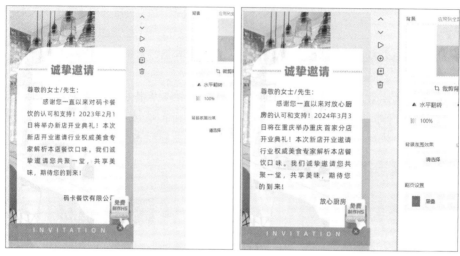

图8-38

（8）编辑第3页内容。单击∨按钮翻页，将第3页中间"关于我们"下的内容修改为品牌理念相关内容，单击文本框下方的图片，按【Delete】键删除，前后对比效果如图8-39所示。

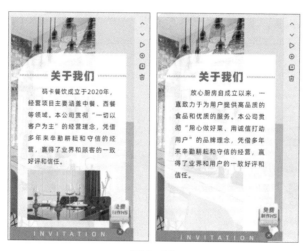

图8-39

（9）编辑第4页内容。单击∨按钮翻页，将"热点新品"修改为"特色菜品"、"葫芦鸡"修改为"青豆肥肠"，单击葫芦鸡图片，使用与步骤（4）相同的方法，将其替换为青豆肥肠图片，并将关于葫芦鸡的描述修改为青豆肥肠的菜品描述，效果如图8-40所示。

（10）编辑第 5 页内容。使用相同的方法，将第 5 页的"本店特色"修改为"特色菜品"、"战斧牛排"修改为"蒜蓉虾仁"，将图片替换为蒜蓉虾仁图片，将关于战斧牛排的描述修改为蒜蓉虾仁的菜品描述，效果如图 8-41 所示。

图 8-40

图 8-41

（11）复制页面。在第 5 页单击⊞按钮，复制第 5 页的内容和样式。在复制的页面中将蒜蓉虾仁的菜品名称、图片和描述修改为香辣烤鱼的相关内容，效果如图 8-42 所示。

（12）删除页面。单击∨按钮翻页，单击⌫按钮删除该页面。

（13）修改地址。单击∨按钮翻页，保持"在线预订"页的默认设置。再次翻页，来到"地址导航"页，将该页的联系电话、地址修改为重庆分店的联系电话和地址，并将文本框移动到合适位置，单击☰按钮使文字居左显示，删除导航地图和末尾的二维码图片，如图 8-43 所示。

图 8-42

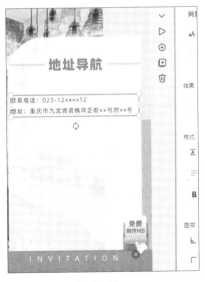
图 8-43

（14）发布H5营销页面。单击 预览/分享 按钮，在打开的页面中预览H5营销页面效果，如图8-44所示，设置微信分享样式，绑定手机号分享H5营销页面。

图8-44

【综合实训】营销健身 App

1. 实训背景

某健身运动品牌在调查中发现，当前很多人都存在以下困扰：一是工作忙没有时间去健身房，家里没有健身器械，且缺乏安全、正确健身的知识；二是网上健身攻略太多，难以选出适合自己的健身攻略。为此，该品牌推出了一款健身 App，就用户的困扰提出了解决办法，并以此设置 App 的核心功能。App 的核心功能如下。

- **量身定制健身计划**：根据用户的身体状况、有无器械和运动目标等，量身定制个人专属训练计划，合理安排健身内容，适用各种不同的健身场景。
- **陪伴式跑步**：跑步中全程语音指导用户调整呼吸和配速；针对热门城市提供丰富、有趣的跑步路线图，让跑步更有乐趣。
- **多维度记录训练数据**：多维度记录分析用户运动数据，包括运动规律、运动偏好、累计数据、平均数据、训练强度等，形成数据中心，帮助用户全面了解自身的运动情况。
- **体能测试与动态分享运动成果**：阶段性开展体能测试，帮助用户了解身体的变化，同时，用户可在 App 的"社区"频道发表图文、视频动态，记录身体改变，与好友互勉。

2．实训要求

（1）设计 App 的主标题、副标题和描述。

（2）撰写 App 的推广文案。

（3）为 App 设计 H5 营销页面。

3．实训思路

（1）设计 App 主标题。可从 App 的功能出发。

（2）设计 App 副标题。根据 App 的核心功能，以及 App 可以解决的用户的痛点，挖掘 App 的亮点，以此设计副标题。

（3）设计 App 描述。围绕 App 的核心功能设计描述内容。

（4）撰写 App 的推广文案。可以从用户的角度来设计文案，突出 App 可以解决的用户的痛点，吸引用户下载 App。

（5）为 App 设计 H5 营销页面。在 MAKA 中输入"App"，搜索与 App 相关的模板，任选一个，修改其中的文字和图片等元素，然后将做好的 H5 营销页面发布到微信朋友圈。

【思考与练习】

一、填空题

1．App 营销以 App 为信息载体，其核心用户主要是＿＿＿＿＿，可用于＿＿＿＿＿、＿＿＿＿＿、＿＿＿＿＿等。

2．广告植入模式下，广告主通过＿＿＿＿＿植入广告。

3．发展成熟或拥有一定知名度的 App 在设置 App 主标题时，可以使用＿＿＿＿＿。

4．选择二维码营销线上渠道时，选择＿＿＿＿＿或＿＿＿＿＿的平台更容易获得成功。

5．二维码营销技巧可以分为两个方面，分别是＿＿＿＿＿、＿＿＿＿＿。

6．H5 营销页面的设计要点有＿＿＿＿＿、＿＿＿＿＿、＿＿＿＿＿。

7．＿＿＿＿＿是指在 H5 营销页面中设置丰厚的奖励，以吸引用户点击、参与、分享，扩大 H5 营销页面的传播范围。

8．利用软文推广 H5 营销页面时，可以将＿＿＿＿＿、＿＿＿＿＿、＿＿＿＿＿等作为软文的要点进行写作。

二、选择题

1．【单选】某 App 在开屏页面中展示了入驻 App 的其中一个品牌的广告，该营销模式是（　　）。

　　A．品牌模式　　　B．广告植入模式　C．用户模式　　　D．内容模式

2．【单选】某 App 推出了最新版，该版本只能在应用宝上下载。该 App 应用的是（　　）的推广方式。

　　A．新品首发　　　B．首发申请　　　C．线下预装　　　D．资源互推

3．【单选】二维码的制作工具很多，以下不属于二维码常用制作工具的是（　　）。

　　A．联图网　　　　B．草料二维码　　C．木疙瘩　　　　D．第九工场

4.【多选】某品牌围绕品牌宣传，借助时下热点制作了一个 H5 小游戏开展营销。该品牌开展 H5 营销运用的策略有（　　）。

    A．游戏策略　　　　　B．借势策略　　　　C．生活策略　　　　D．奖励策略

5.【多选】H5 营销推广的常用措施有（　　）。

    A．利用软文推广　　B．利用 IP 推广　　C．互相推荐　　　　D．线下推广

三、简答题

1．简述 App 营销的特点。

2．简述 App 营销推广的方法。

3．简述二维码营销的渠道。

4．简述二维码营销的技巧。

5．简述 H5 营销页面常用的制作工具。

四、操作题

1．乘兴出行是新上市的打车 App，该 App 的优势是安全（AI 面部识别、司机认证上车）、高品质（全程免打扰、全流程标准化服务）、便捷（快速响应、随时用车）。假设你是该 App 的营销人员，请为该 App 策划营销方案，该方案中需包含两个部分的内容：App 的主标题、副标题和描述设计；详细的线上或线下推广方法。

2．现人邮教育需要为"人邮教育·图书"页面设计一个二维码，并将其打印在产品包装上，以便用户扫描二维码购买图书。请使用草料二维码制作工具，为"人邮教育·图书"页面设计一个二维码。

3．某服装品牌将于 5 月 1 日开展促销活动，活动持续时间为 3 天，活动期间，全场新品满两件享 8.8 折，购买金额满 800 元可以获得一顶鸭舌帽和一双袜子（款式可自选）、购买金额满 1 500 元可以获得 18 寸行李箱一个。使用 MAKA 的模板，为此次促销活动设计 H5 营销页面。